초등 문해력

독해가 힘이다

비문학편

3단계 A

문해력을 키우려면 어떻게 해야 할까요?

- 우리말에 대한 이해가 필수예요.
- 문장을 구조적으로 읽는 연습이 필요해요.
- 글 전체와 부분의 관계를 생각하며 읽는 태도가 필요해요.

문해력이란 무엇인가요?

문해력의 사전적 의미는 독해력과 거의 비슷해요. 글을 읽고 그 뜻을 이해하는 능력을 뜻하지요. 다만 독해 교육과
관련한 용어로서 문해력은 문장과 글을 구조적, 기술적으로 파악하고 글 전체를 이해하여 응용하는 능력을 뜻해요.
또 독해력은 글의 읽기 능력만을 뜻하지만 문해력은 우리말의 기능과 역할에 대한 이해를 바탕으로 글을 읽고,
쓰고 다루는, 종합적인 능력을 뜻해요.

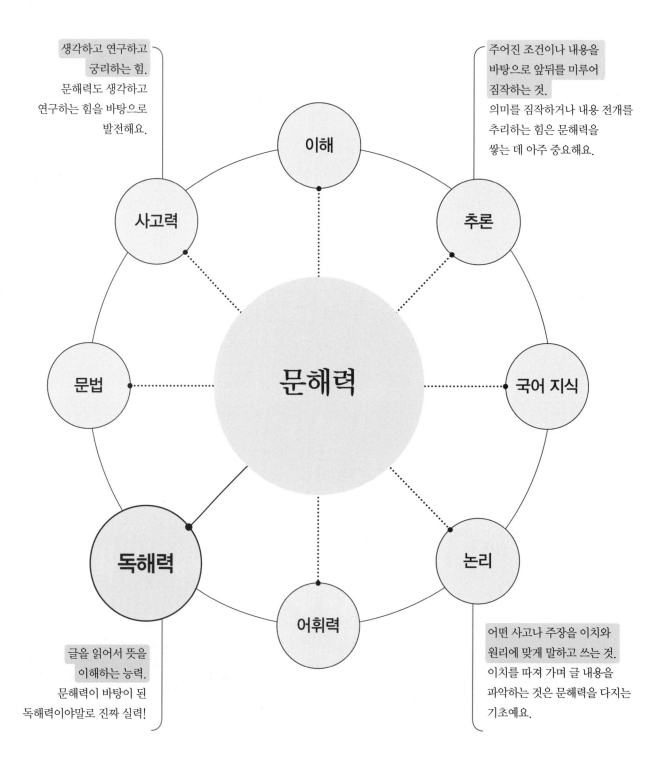

생각하고 연구하고
궁리하는 힘.
문해력도 생각하고
연구하는 힘을 바탕으로
발전해요.

주어진 조건이나 내용을
바탕으로 앞뒤를 미루어
짐작하는 것.
의미를 짐작하거나 내용 전개를
추리하는 힘은 문해력을
쌓는 데 아주 중요해요.

이해

사고력

추론

문법

문해력

국어 지식

독해력

어휘력

논리

글을 읽어서 뜻을
이해하는 능력.
문해력이 바탕이 된
독해력이야말로 진짜 실력!

어떤 사고나 주장을 이치와
원리에 맞게 말하고 쓰는 것.
이치를 따져 가며 글 내용을
파악하는 것은 문해력을 다지는
기초예요.

비문학 독해에

문해력이 중요한 까닭은 무엇인가요?

비문학 글은 정보 전달을 주된 목적으로 해요.
정보에 대한 **사실적 이해**와 주요 내용을 정리하고 기억하는 **구조적 이해**가 중요하지요.

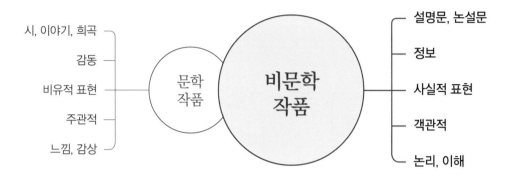

그래서 문장이나 글을 기능적, 구조적으로 읽는 **문해력이 바탕이 되면** 비문학 글을 쉽게 읽을 수 있어요.
문해력을 바탕으로 읽은 글은 글을 읽고 나서도 그 내용을 보다 오랫동안 기억할 수 있지요.

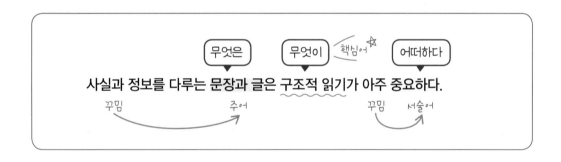

거꾸로 **비문학 글은 문해력을 키우는 데** 도움이 돼요.
문장이나 글의 짜임을 파악하는 연습을 문학 작품보다 쉽게 할 수 있고 핵심 정보를 뽑아내는 훈련을
하는 데도 좋아요. 그리고 글의 구조도 단순하기 때문에 글 전체를 보는 안목도 기를 수 있어요.
이처럼 문해력과 비문학 독해는 서로의 능력을 돕고 도와주는, 함께 커 가는 쌍둥이라고 할 수 있어요!

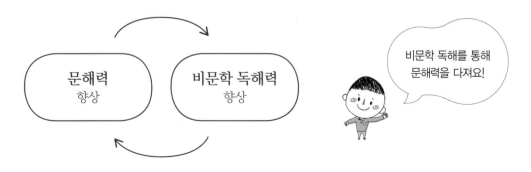

구성과 특징

초등 문해력 독해가 힘이다(비문학편)은 문해력을 바탕으로 비문학 독해의 사실적 읽기, 구조적 읽기를 훈련할 수 있게 구성하였습니다.

1일차

문해 기술

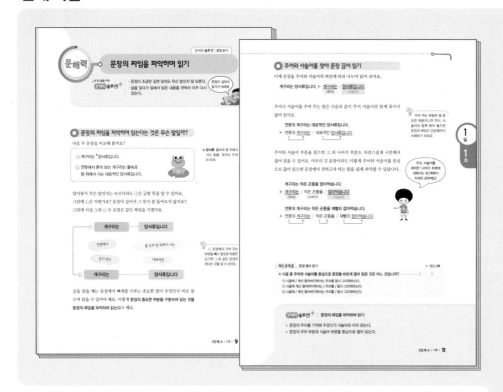

- **문장 읽기**
  - 주술부
  - 문장 성분
  - 호응
  - 접속어
  - 어휘 추론

- **핵심 정보 파악**
  - 주제
  - 핵심어
  - 중심 낱말
  - 중심 문장
  - 문장 단순화
  - 정보의 구분

- **내용 구조화**
  - 문단
  - 단락
  - 글의 구조
  - 요약
  - 재구성
  - 내용 구조
  - 시각화

- **자료 읽기**
  - 표
  - 도형
  - 그래프
  - 자료 해석

📖 교과 과정에 따른 영역별 비문학 지문

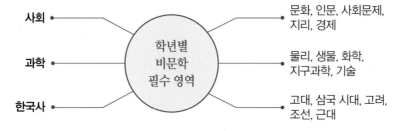

사회	문화, 인문, 사회문제, 지리, 경제
과학	(학년별 비문학 필수 영역) 물리, 생물, 화학, 지구과학, 기술
한국사	고대, 삼국 시대, 고려, 조선, 근대

📖 문해 기술을 적용한 비문학 독해

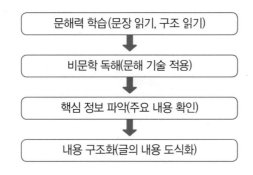

문해력 학습(문장 읽기, 구조 읽기)

↓

비문학 독해(문해 기술 적용)

↓

핵심 정보 파악(주요 내용 확인)

↓

내용 구조화(글의 내용 도식화)

2일 ~ 5일차

비문학 독해 지문

QR로 배경 지식 동영상 제공

문해 기술을 적용한 독해 문제

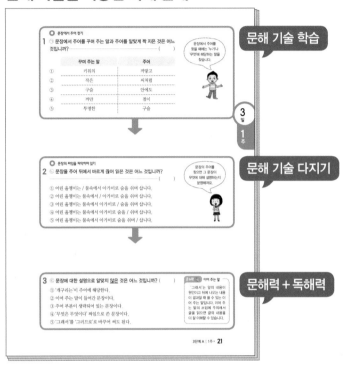

- 문해 기술 학습
- 문해 기술 다지기
- 문해력 + 독해력

독해 지문 완벽 이해

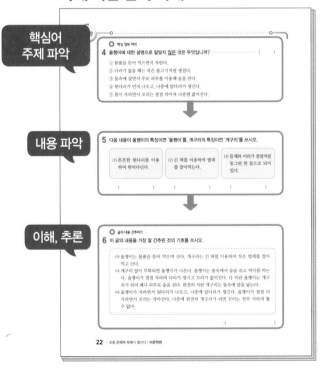

- 핵심어 주제 파악
- 내용 파악
- 이해, 추론

독해의 힘 ✊ 내용 구조화

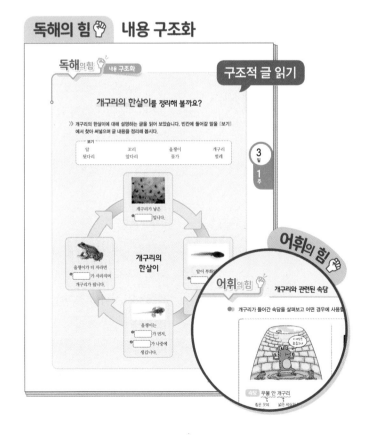

- 구조적 글 읽기
- 어휘의 힘

비문학편 **3단계 A**

차례

문장의 짜임을 파악하며 읽기

문해력이 뛰어난 사람은 어떻게 읽을까?

문해력이 뛰어난 사람은 문장을 구조적으로 읽어요. 중요한 문장 성분을 파악하고 그 부분의 문법적인 쓰임과 기능을 알고 읽기 때문에 아무리 긴 문장이라도 문장의 구성이 한눈에 들어와요. 문장을 구조적으로 읽는 데 가장 기초가 되는 주어와 서술어의 짜임을 공부해요.

1주에 공부할 내용

문해력 ○━ 문장의 짜임을 파악하며 읽기

- 문장이 조금만 길면 읽어도 무슨 말인지 잘 모른다.
- 글을 읽다가 앞에서 읽은 내용을 까먹어 자꾸 다시 읽는다.

문장이 길어서 읽기가 어려워.

1일 1주

○ 문장의 짜임을 파악하며 읽는다는 것은 무슨 말일까?

다음 두 문장을 비교해 볼까요?

> ㉠ 개구리는 *양서류입니다.
>
> ㉡ 연못에서 흔히 보는 개구리는 물속과 땅 위에서 사는 대표적인 양서류입니다.

● **양서류** 물속과 땅 위에서 사는 동물. 개구리, 두꺼비 따위.

양서류가 무슨 말인지는 모르더라도 ㉠은 금방 뜻을 알 수 있어요.
그런데 ㉡은 어떤가요? 문장이 길어서 그 뜻이 잘 들어오지 않지요?
그런데 사실 ㉠과 ㉡ 두 문장은 같은 짜임을 가졌어요.

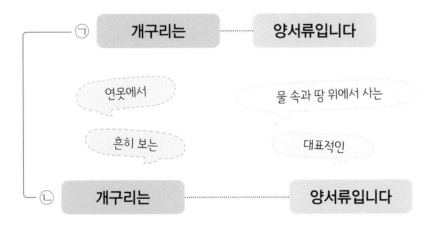

㉠ 개구리는 ━━━ 양서류입니다

연못에서 / 흔히 보는 / 물 속과 땅 위에서 사는 / 대표적인

㉡ 개구리는 ········· 양서류입니다

💡 ㉡ 문장에서 꾸며 주는 부분을 빼고 중요한 부분만 남기면 ㉠과 같은 문장이 된다는 것을 알 수 있어요.

글을 읽을 때는 문장에서 **뼈대를 이루는 중요한 말**이 무엇인지 바로 찾으며 읽을 수 있어야 해요. 이렇게 문장의 중요한 부분을 구분하며 읽는 것을 **문장의 짜임을 파악하며 읽는다**고 해요.

주어와 서술어

주어는 문장의 주인이 되는 말이고 서술어는 주어를 풀어 주는 말이에요.

주어		서술어
나	는	학생이다(무엇이다)
누나	는	착하다(어떠하다)
동생	은	공부한다(어찌하다)

주어는 대개 문장의 앞부분에서 '–은, –는, –이, –가'와 같은 말이 붙은 말, 서술어는 문장의 끝부분에서 '무엇이다, 어떠하다, 어찌하다'와 같이 내용을 풀어 주는 말이지요.

아무리 복잡한 문장이라도 주어와 서술어만 따로 떼어 놓으면 문장이 단순해져요.

나는 열심히 공부하는 학생이다. ▶ 나는 학생이다.
(주어)　　　　　　　(서술어)

나보다 두 살 많은 우리 누나는 정말 착하다. ▶ 누나는 착하다.
　　　　　　　(주어)　　　(서술어)

우리 집 귀염둥이인 동생은 열심히 공부한다. ▶ 동생은 공부한다.
　　　　　　(주어)　　　　(서술어)

> 문장에서 주어와 서술어를 구분하면 꾸며 주는 말이 아무리 많아도 그 문장의 의미를 쉽게 이해할 수 있어요.

주어와 서술어는 문장에서 가장 큰 뼈대예요. 그래서 아무리 긴 문장이라도 주어를 기억해 두었다가 서술어와 이어 읽으면 문장의 짜임을 쉽게 파악할 수 있어요.

확인 문제 1　문장의 주어와 서술어 찾기　　　　　　　▶ 정답 2쪽

◈ 다음 문장을 주어와 서술어만 따로 떼어 단순하게 만들어 보시오.

(1) 벽에 걸린 그림은 사각형입니다.

　▶ _____

(2) 고인돌은 청동기 시대에 만들어진 유물입니다.

　▶ _____

(3) 법은 모두가 지켜야 하는 약속입니다.

　▶ _____

(4) 우리가 즐겨 먹는 김치는 조상의 슬기가 담긴 음식이다.

　▶ _____

● 주어와 서술어를 찾아 문장 끊어 읽기

이제 문장을 주어와 서술어의 짜임에 따라 나누어 읽어 보아요.

개구리는 양서류입니다. ▶ 개구리는 / 양서류입니다.
　　　　　　　　　　　　(주어)　　　(서술어)

주어나 서술어를 꾸며 주는 말은 다음과 같이 주어 서술어와 함께 묶어서
끊어 읽어요.

연못의 개구리는 대표적인 양서류입니다.

▶ 연못의 개구리는 / 대표적인 양서류입니다.

꾸며 주는 부분은 덜 중요한 부분이니까 주어, 서술어와 함께 묶어 놓으면 문장의 짜임이 단순해져서 이해하기 쉬워요.

주어와 서술어 부분을 찾으면 그 외 나머지 부분도 자연스럽게 구분해서
끊어 읽을 수 있어요. 아무리 긴 문장이라도 이렇게 주어와 서술어를 중심
으로 끊어 읽으면 문장에서 전하고자 하는 말을 쉽게 파악할 수 있답니다.

주어, 서술어를
제외한 '나머지' 부분에
대해서는 4단계에서
자세히 공부해요!

개구리는 작은 곤충을 잡아먹습니다.

▶ 개구리는 / 작은 곤충을 / 잡아먹습니다.
　(주어)　　(나머지)　　(서술어)

연못의 개구리는 작은 곤충을 재빨리 잡아먹습니다.

▶ 연못의 개구리는 / 작은 곤충을 / 재빨리 잡아먹습니다.

확인 문제 2　문장 끊어 읽기　　　　　　　　　　　　　　　　　　▶ 정답 2쪽

◇ 다음 중 주어와 서술어를 중심으로 문장을 바르게 끊어 읽은 것은 어느 것입니까? ·········· (　　　)

　㉠ 시골에 / 계신 할아버지께서는 우리를 몹시 그리워하신다.
　㉡ 시골에 계신 할아버지께서는 / 우리를 / 몹시 그리워하신다.
　㉢ 시골에 / 계신 할아버지께서는 우리를 / 몹시 그리워하신다.

문해력 솔루션!➕ | 문장의 짜임을 파악하며 읽기

▶ 문장의 주어를 기억해 두었다가 서술어와 이어 읽는다.
▶ 문장의 주어 부분과 서술어 부분을 중심으로 끊어 읽는다.

🔵 / 부분에서 문장을 끊어 읽고 물음에 답하시오.

> 연못에 가면 / 개구리를 / *흔히 볼 수 있습니다. ㉠ 개구리는 물속에서 삽니다. 하지만 / 땅 위에서도 / 삽니다. 개구리처럼 / 물속과 땅 위에서 사는 동물을 / 양서류라고 합니다. ㉡ 개구리는 대표적인 양서류입니다.

● **흔히** 보통보다 더 자주.
📄 네 잎 클로버는 흔히 발견되는 풀이 아닙니다.

1 ㉠ 문장에서 주어와 서술어를 바르게 찾은 것은 어느 것입니까?

·· ( )

	주어	서술어
①	개구리는	물속에서
②	물속에서	삽니다
③	개구리는	삽니다
④	물속에서	개구리는
⑤	삽니다	개구리는

2 ㉠ 문장을 [보기]와 같이 끊어 읽을 곳에 / 표시 하시오.

> **보기**
> 아버지는 / 안방에서 / 주무십니다.

개 구 리 는 물 속 에 서 삽 니 다 .

[누가] / [어디에서] / [어찌하다]로 끊어 읽을 수 있어요.

3 ㉡ 문장에서 서술어를 꾸며 주는 말은 무엇입니까?

( )

서술어를 꾸며 주는 말은 서술어와 함께 묶어서 읽어요.

4 ㉡ 문장을 주어 뒤에서 끊어 읽을 곳에 / 표시 하시오.

개 구 리 는 대 표 적 인 양 서 류 입 니 다 .

사회

어린이 보호 구역

배경지식의 힘 👊

QR을 찍어 동영상을 보고
어린이 보호 구역에 대해 알아봅시다.

어린이 보호 구역에
대해 알아볼까요?

🔍 교통 | # 어린이_보호_구역 | # 민식이_법 | # 어린이_보호

▶ 동영상을 보고 알맞은 것에 ✔ 하세요.

▶ 정답 3쪽

1 어린이 보호 구역이란 무엇인가요?

㉠ 어린이들이 뛰어놀 수 있는 구역 ☐
㉡ 자동차로부터 어린이를 보호하는 구역 ☐

2 어린이 보호 구역은 어떤 곳에 정하나요?

㉠ 어린이들이 자주 다니는 곳 ☐
㉡ 어린이들이 안전하게 노는 곳 ☐

3 어린이 보호 구역에서 자동차는 어떻게 하여야 하나요?

㉠ 속도를 줄인다. ☐
㉡ 빠르게 지나간다. ☐

4 어린이 보호 구역에서는 시속 몇 킬로미터 이하로 달려야 하나요?

㉠ 시속 30킬로미터 이하 ☐
㉡ 시속 50킬로미터 이하 ☐

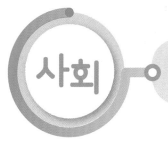

사회

어린이 보호 구역

키워드 🔍
· 어린이 보호 구역
· 제한 속도

	쉬움	보통	어려움
제재			
어휘			
문장			

부모님과 차를 타고 가다가 내비게이션에서 나오는 다음과 같은 말을 들어 본 적이 있나요? "여기서부터 300m 앞까지 어린이 보호 구역입니다. **제한** 속도 30킬로미터 구간입니다. 속도에 주의하세요."

㉠ 자동차는 오늘날 없어서는 안 될 필수품이에요. 자동차로 먼 곳을 빠르게 이동할 수 있지만 자동차로 인해 안타까운 교통사고가 발생하기도 하지요.

㉡ 잠깐의 실수로 일어나는 교통사고는 어린이에게 특히 위험합니다. 어린이는 어른에 비해 갑자기 일어나는 위험 상황에 대처하기가 힘들기 때문이에요. 그래서 각종 교통사고로부터 어린이를 보호하기 위한 여러 가지 제도나 법 등이 만들어졌는데, 어린이 보호 구역도 그중 하나입니다.

㉢ 어린이 보호 구역은 유치원, 초등학교 등의 주변 도로에서 어린이를 보호하기 위하여 법으로 정한 지역이에요. 자동차로부터 어린이를 보호할 수 있도록 자동차의 통행을 금지하거나 제한하기도 하고, 자동차의 **정차**나 **주차**를 **금지**하고 있지요. 특히 어린이 보호 구역에서는 어린이의 안전에 더욱 주의해야 하고 **시속** 30킬로미터 **이하**로 달려야 해요. 어린이 보호 구역 안에서 시속 30킬로미터가 넘는 속도로 주행을 하면 내비게이션에서 계속해서 경고음이 울리고 벌금을 물게 되지요. 어린이 보호 구역에서 신호 위반을 하면 그 처벌도 훨씬 무겁답니다.

어린이 보호 구역, 바쁜데 꼭 지켜야 하나요?

법은 바쁜 사람이든 아니든 누구나 지키고 따라야 하는 거예요. 나 한 사람 바쁘다고 어린이 보호 구역에서 자동차로 쌩쌩 달리면 어린이들은 그만큼 위험에 처하게 되잖아요. 이러한 법을 지켜야 하는 이유도 우리 모두가 안전한 생활을 할 수 있도록 서로가 법으로 약속했기 때문이에요. 만일 여러분이 부모님과 함께 자동차로 어린이 보호 구역을 지나고 있다면, 꼭 말씀 드리세요.

"여기는 어린이 보호 구역이에요. 우리 모두의 안전을 위해서 법으로 지키자고 서로 약속한 곳이니까 속도를 줄여 주시는 게 좋겠어요."

📖 어휘 풀이

· **제한**: 일정한 한도를 정하거나 그 한도를 넘지 못하게 막음.
· **정차**: 자동차가 5분을 넘지 않고 멈추어 있는 상태.
· **주차**: 자동차가 정지하여 있는 상태. 예 학교 앞은 **주차** 금지 구역입니다.
· **금지**: 법이나 규칙이나 명령 따위로 어떤 행위를 하지 못하도록 함.
· **시속**: 1시간을 단위로 하여 잰 속도. 1시간 동안의 진행 거리.
· **이하**: 그 기준을 포함하여 그보다 적거나 아래.

○ 시속 100킬로미터란?

1시간

| >>>>>>>>>>>>> |
0 ················ 100킬로미터

▶ 1시간 동안 100킬로미터를 이동할 수 있는 속도.

◯ 주어와 서술어 찾기

1 ㉠ 문장에서 주어와 서술어를 바르게 찾은 것은 어느 것입니까?
....(   )

	주어	서술어
①	오늘날	없어서는
②	오늘날	필수품이에요
③	자동차는	오늘날
④	자동차는	필수품이에요
⑤	없어서는	안 될

◯ 문장의 짜임을 파악하며 읽기

2 ㉡ 문장을 주어와 서술어의 짜임대로 바르게 끊어 읽은 것에 ◯표 하시오.

(1) 잠깐의 실수로 / 일어나는 / 교통사고는 어린이에게 특히 위험합니다.
(   )

(2) 잠깐의 실수로 일어나는 교통사고는 어린이에게 / 특히 위험합니다.
(   )

(3) 잠깐의 실수로 일어나는 교통사고는 / 어린이에게 / 특히 위험합니다.
(   )

주어나 서술어를 꾸며 주는 말은 주어나 서술어와 함께 묶어서 끊어 읽어요.

3 ㉢ 문장의 주어와 서술어를 찾아 ◯로 표시하고, 무엇에 대해 설명한 문장인지 고르시오. ....(   )

> 어린이 보호 구역은 유치원, 초등학교 등의 주변 도로에서 어린이를 보호하기 위하여 법으로 정한 지역이에요.

① 어린이에 대해 설명한 문장이다.
② 유치원, 초등학교에 대해 설명한 문장이다.
③ 어린이 보호 구역에 대해 설명한 문장이다.
④ 어린이를 보호하는 방법에 대해 설명한 문장이다.
⑤ 어린이를 보호하는 까닭에 대해 설명한 문장이다.

문해력 tip   정의 문장 읽기

'무엇은(주어) ～ 무엇이다(서술어)'와 같은 형식의 문장은 설명하는 대상의 뜻이나 정의를 나타냅니다. 대상의 정보를 분명하게 드러내는 중요한 문장이에요.

4 교통사고가 특히 어린이에게 위험한 까닭은 무엇이라고 하였습니까? ·················· (   )

① 어린이는 교통질서를 지키지 않기 때문에

② 어린이는 자동차를 운전할 수 없기 때문에

③ 어린이는 횡단보도를 잘 이용하지 않기 때문에

④ 어린이는 위험 상황에 대처하기가 힘들기 때문에

⑤ 어린이는 멀리서 다가오는 자동차를 보지 않기 때문에

5 어린이 보호 구역은 주로 어떤 곳에 지정되는지 ○표 하시오.

(1) 고속 도로와 같이 자동차가 빨리 다니는 곳	(2) 학교 주변과 같이 어린이들이 자주 다니는 곳	(3) 골목, 주택가와 같이 사람들이 많이 모여 사는 곳
( )	( )	( )

○ 핵심 정보 파악

6 다음 중 어린이 보호 구역에 대한 설명으로 바르지 <u>않은</u> 것은 어느 것입니까? ········· (   )

① 어린이 보호 구역에서 자동차는 주차를 할 수 없다.

② 어린이 보호 구역에서 자동차는 정차를 할 수 없다.

③ 어린이 보호 구역에서 자동차는 비상등을 켜고 주행해야 한다.

④ 어린이 보호 구역에서 자동차는 특히 어린이의 안전에 주의해야 한다.

⑤ 어린이 보호 구역에서 자동차는 시속 30킬로미터 이하로 주행해야 한다.

7 어린이 보호 구역에서 모두가 제한 속도를 지킬 수 있도록 어떻게 하였습니까?

➡ [   ]으로 정하였다.

어린이 보호 구역에 대해 알아볼까요?

>> 어린이 보호 구역에 대해 설명한 글을 읽었습니다. 빈칸에 들어갈 말을 [보기]에서 찾아 써넣으며 글 내용을 정리해 봅시다.

2
일

1
주

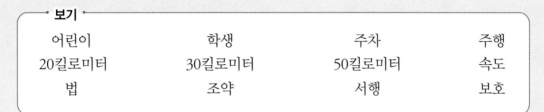

보기

어린이	학생	주차	주행
20킬로미터	30킬로미터	50킬로미터	속도
법	조약	서행	보호

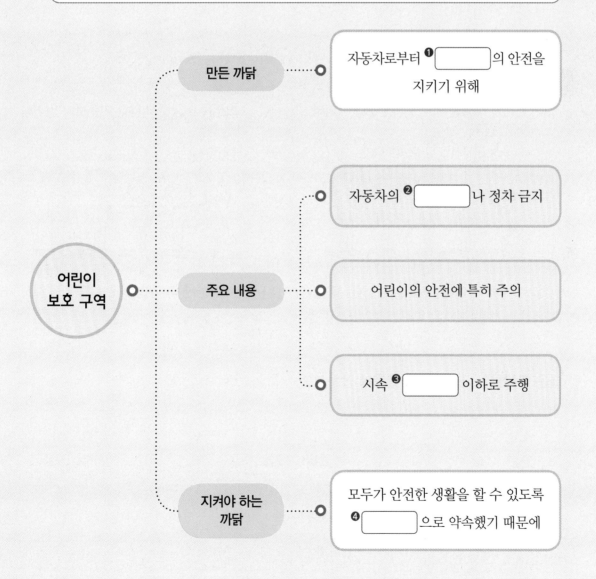

어린이
보호 구역

만든 까닭
자동차로부터 ❶ [ ]의 안전을 지키기 위해

주요 내용
자동차의 ❷ [ ]나 정차 금지

어린이의 안전에 특히 주의

시속 ❸ [ ] 이하로 주행

지켜야 하는 까닭
모두가 안전한 생활을 할 수 있도록 ❹ [ ]으로 약속했기 때문에

이하 / 이상 / 미만 / 초과

▶ 정답 3쪽

● '시속 30킬로미터 이하'에 시속 30킬로미터는 포함되는 걸까요? 아래 그림을 보며 이하, 이상, 미만, 초과의 뜻을 구분해 봅시다.

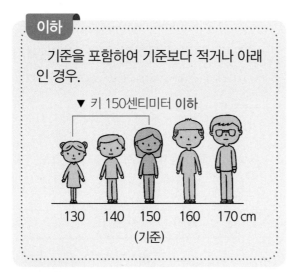

이하

기준을 포함하여 기준보다 적거나 아래인 경우.

▼ 키 150센티미터 **이하**

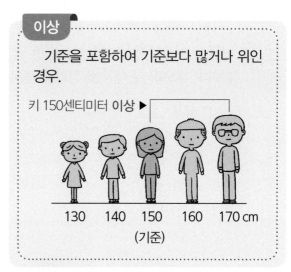

이상

기준을 포함하여 기준보다 많거나 위인 경우.

키 150센티미터 **이상** ▶

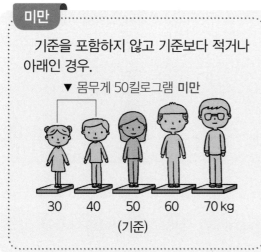

미만

기준을 포함하지 않고 기준보다 적거나 아래인 경우.

▼ 몸무게 50킬로그램 **미만**

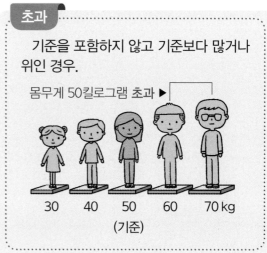

초과

기준을 포함하지 않고 기준보다 많거나 위인 경우.

몸무게 50킬로그램 **초과** ▶

1 다음 학생들의 나이를 보고 물음에 답하시오.

소균: 7살	지영: 8살	영호: 9살
수정: 10살	정화: 11살	지수: 12살

(1) 11살 이상인 친구들은 모두 몇 명입니까?⋯⋯⋯⋯⋯⋯⋯ (　　　　　　　) 명

(2) 10살 이하인 친구들은 누구누구입니까?⋯⋯⋯⋯⋯⋯⋯ (　　　　　　　)

(3) 8살 미만인 친구들은 모두 몇 명입니까?⋯⋯⋯⋯⋯⋯⋯ (　　　　　　　) 명

(4) 10살 초과인 친구들은 누구누구입니까?⋯⋯⋯⋯⋯⋯⋯ (　　　　　　　)

과학 ○ 개구리의 한살이

배경지식의힘 👊

QR을 찍어 동영상을 보고
양서류에 대해 알아봅시다.

3
일

1
주

물과 땅을 오가며 사는

양서류 ✏️

개구리   두꺼비   도롱뇽

🔍 양서류 | # 개구리 | # 두꺼비 | # 도롱뇽 | # 올챙이

▶️ 동영상을 보고 알맞은 것에 ✔ 하세요.

▶ 정답 4쪽

1 개구리는 어디에 알을 낳나요?

㉠ 물속 ☐   ㉡ 숲속 ☐

3 양서류란 무엇인가요?

㉠ 물속과 땅 양쪽에서 사는 생물 ☐
㉡ 젖을 먹여 새끼를 키우는 생물 ☐

2 올챙이는 무엇으로 숨을 쉬나요?

㉠ 아가미 ☐
㉡ 허파와 피부 ☐

4 양서류의 피부는 어떠한가요?

㉠ 보송보송하다. ☐
㉡ 미끄럽고 끈적한 점액이 있다. ☐

과학 ○ 개구리의 한살이

생물 | 화학 | 물리 | 지구과학

키워드 🔍
• 개구리
• 양서류

쉬움　　보통　　어려움
제재
어휘
문장

　여러분은 연못이나 개울가에서 조금 투명한 공 모양의 작은 알들이 여럿 늘어서 있는 모습을 본 적이 있나요? ㉠키위의 까맣고 작은 씨처럼 이 투명한 구슬 안에도 까만 점이 있습니다. 일정한 시간이 지나면 알에서 작은 새끼가 나와 헤엄을 치는데, 이것을 '올챙이'라고 부릅니다.

　㉡어린 올챙이는 물속에서 **아가미**로 숨을 쉬며 삽니다. 올챙이는 몸체와 머리가 콩알처럼 동그란 한 몸으로 이루어져 있고, 꼬리가 있어서 작은 물고기 같습니다. 올챙이는 작은 물풀을 뜯어 먹으며 자랍니다.

▲ 개구리 알

　올챙이가 점점 자라면서 뒷다리가 먼저 한 쌍 생깁니다. 시간이 더 지나면서 뒷다리는 크고 튼튼해지고, 앞다리도 한 쌍 나옵니다. 올챙이에게 네 다리가 생기면 꼬리는 점점 작아집니다. 몸이 점점 자라 꼬리가 흔적도 없이 사라지면 올챙이의 모습은 **온데간데없고** 완전한 개구리의 모습이 됩니다.

　다 자란 개구리는 폐나 피부로 숨을 쉬며 살아갑니다. 개구리는 폐로도 숨을 쉴 수 있지만 주로 피부로 숨을 쉬는 동물이기 때문에 물기가 많은 곳을 좋아합니다. ㉢그래서 개구리는 연못이나 개울가에서 자주 볼 수 있는 동물입니다. 이처럼 물가나 땅 양쪽에서 살 수 있는 동물인 개구리는 '**양서류**'에 속합니다.

　개구리는 긴 혀를 이용하여 작은 벌레를 잡아먹습니다. 개구리가 벌레를 사냥하는 모습을 보면 몹시 빠른 혀의 움직임에 깜짝 놀라실 겁니다. 개구리는 튼튼한 뒷다리로 폴짝폴짝 뛰어다니며 '개굴개굴' 하고 웁니다. 완전히 자란 개구리는 물속에 많은 알을 낳습니다. 이 알이 **부화되면** 또 다른 개구리의 **한살이**가 시작되겠지요?

▲ 개구리

📖 어휘 풀이

• **아가미**: 물속에서 사는 동물이 숨을 쉬는 기관.
○ **온데간데없고**: 감쪽같이 자취를 감추어 찾을 수가 없고.
• **양서류**: 땅 위나 물속에서 사는 개구리, 두꺼비 등을 가리키는 생물 종류.
• **부화되면**: 동물의 알 속에서 새끼가 껍데기를 깨고 밖으로 나오게 되면.
• **한살이**: 세상에 태어나서 죽을 때까지의 동안.

○ **온데간데없다**

책이 어디로 갔지?
온데간데없이 사라져 버렸네?

??

● 문장에서 주어 찾기

1 ㉠ 문장에서 주어를 꾸며 주는 말과 주어를 알맞게 짝 지은 것은 어느 것입니까? ·· (   )

	꾸며 주는 말	주어
①	키위의	까맣고
②	작은	씨처럼
③	구슬	안에도
④	까만	점이
⑤	투명한	구슬

문장에서 주어를 찾을 때에는 '누가'나 '무엇'에 해당하는 말을 찾습니다.

● 문장의 짜임을 파악하며 읽기

2 ㉡ 문장을 주어 뒤에서 바르게 끊어 읽은 것은 어느 것입니까?
·· (   )

① 어린 올챙이는 / 물속에서 아가미로 숨을 쉬며 삽니다.
② 어린 올챙이는 물속에서 / 아가미로 숨을 쉬며 삽니다.
③ 어린 올챙이는 물속에서 아가미로 / 숨을 쉬며 삽니다.
④ 어린 올챙이는 물속에서 아가미로 숨을 / 쉬며 삽니다.
⑤ 어린 올챙이는 물속에서 아가미로 숨을 쉬며 / 삽니다.

문장의 주어를 찾으면 그 문장이 무엇에 대해 설명하는지 분명해져요.

3 ㉢ 문장에 대한 설명으로 알맞지 <u>않은</u> 것은 어느 것입니까? (   )

① '개구리는'이 주어에 해당한다.
② 이어 주는 말이 들어간 문장이다.
③ 주어 부분이 생략되어 있는 문장이다.
④ '무엇은 무엇이다' 짜임으로 쓴 문장이다.
⑤ '그래서'를 '그러므로'로 바꾸어 써도 된다.

문해력 tip 이어 주는 말

'그래서'는 앞의 내용이 원인이고 뒤에 나오는 내용이 결과일 때 쓸 수 있는 이어 주는 말입니다. 이어 주는 말의 쓰임에 주의해서 글을 읽으면 글의 내용을 더 잘 이해할 수 있습니다.

○ 핵심 정보 파악

4 올챙이에 대한 설명으로 알맞지 <u>않은</u> 것은 무엇입니까? ·············· (   )

① 물풀을 뜯어 먹으면서 자란다.
② 다리가 없을 때는 작은 물고기처럼 생겼다.
③ 물속에 살면서 주로 피부를 이용해 숨을 쉰다.
④ 뒷다리가 먼저 나오고, 나중에 앞다리가 생긴다.
⑤ 몸이 자라면서 꼬리는 점점 작아져 나중엔 없어진다.

5 다음 내용이 올챙이의 특징이면 '올챙이'를, 개구리의 특징이면 '개구리'를 쓰시오.

(1) 튼튼한 뒷다리를 이용하여 뛰어다닌다.	(2) 긴 혀를 이용하여 벌레를 잡아먹는다.	(3) 몸체와 머리가 콩알처럼 동그란 한 몸으로 되어 있다.
( )	( )	( )

○ 글의 내용 간추리기

6 이 글의 내용을 가장 잘 간추린 것의 기호를 쓰시오.

⑦ 올챙이는 물풀을 뜯어 먹으며 산다. 개구리는 긴 혀를 이용하여 작은 벌레를 잡아 먹고 산다.

⑭ 개구리 알이 부화되면 올챙이가 나온다. 올챙이는 물속에서 숨을 쉬고 먹이를 먹는다. 올챙이가 점점 자라며 다리가 생기고 꼬리가 없어진다. 다 자란 올챙이는 개구리가 되어 폐나 피부로 숨을 쉰다. 완전히 자란 개구리는 물속에 알을 낳는다.

⑭ 올챙이가 자라면서 뒷다리가 나오고, 나중에 앞다리가 생긴다. 올챙이가 점점 더 자라면서 꼬리는 작아진다. 나중에 완전히 개구리가 되면 꼬리는 전부 사라져 볼 수 없다.

(   )

개구리의 한살이를 정리해 볼까요?

>> 개구리의 한살이에 대해 설명하는 글을 읽어 보았습니다. 빈칸에 들어갈 말을 [보기]에서 찾아 써넣으며 글 내용을 정리해 봅시다.

┌ 보기 ┐
| 알 | 꼬리 | 올챙이 | 개구리 |
| 뒷다리 | 앞다리 | 물가 | 벌레 |

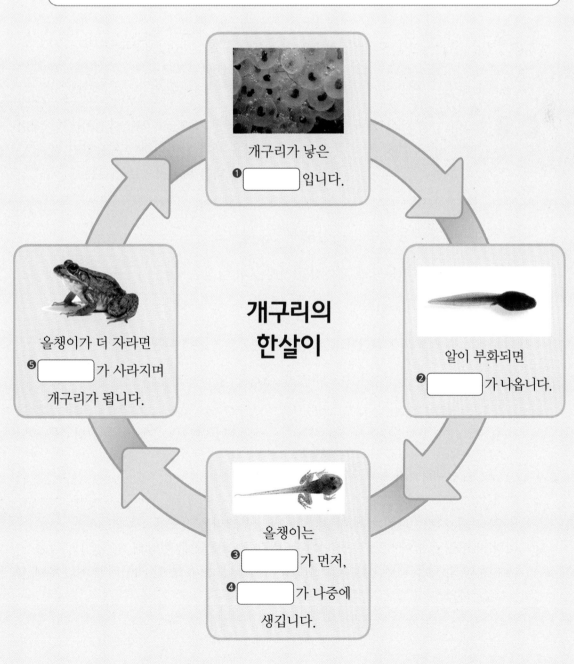

개구리가 낳은
❶ [ ] 입니다.

개구리의
한살이

알이 부화되면
❷ [ ] 가 나옵니다.

올챙이는
❸ [ ] 가 먼저,
❹ [ ] 가 나중에
생깁니다.

올챙이가 더 자라면
❺ [ ] 가 사라지며
개구리가 됩니다.

● 개구리가 들어간 속담을 살펴보고 어떤 경우에 사용할 수 있을지 생각해 봅시다.

속담 **우물 안 개구리**

좁은 곳에 갇혀

넓은 세상의 형편을 모르는 사람.

뜻 생각이 깊지 않아 저만 잘난 줄로 아는 사람을 비꼬는 말.

속담 **개구리 올챙이 적 생각 못 한다**

올챙이 때의 부끄러운 모습은 생각 안 하고

지금의 모습만 잘난 체한다.

뜻 지난날의 부족하고 어렵던 때의 일을 생각지 아니하고 처음부터 잘난 듯이 뽐냄을 비유적으로 이르는 말.

1 '우물 안 개구리'를 사용할 수 있는 상황에 ○표 하시오.

(1) 어릴 때의 버릇을 어른이 될 때까지 고치지 못하는 경우 ·················· ( )

(2) 넘어진 사람을 도와주었는데 고맙다는 인사도 안 하고 가는 경우 ·················· ( )

(3) 학교에서 축구를 가장 잘한다며 전국 대회 준비를 소홀히 하는 경우 ·················· ( )

2 속담을 알맞게 활용하여 말한 친구는 누구입니까?

영수: 너희 좀 겸손해지는 게 어떻겠니? 내가 부끄러울 정도야.
정재: 개구리 올챙이 적 생각 못 한다고, 내가 딱 그랬었네. 미안해.
해수: 그동안 너무 내 생각만 하고 살았구나. 앞으로는 우물 안 개구리가 되기 위해 노력해야겠어.

( )

한국사 ○ 신석기 시대의 생활

배경지식의 힘 ✊

QR을 찍어 동영상을 보고
신석기 시대에 대해 알아봅시다.

4일

1주

신석기 시대에는 어떤 옷을 입었을까요?

🖱 신석기_시대 | # 식생활 # 의생활 # 주생활 # 도구

▶ 동영상을 보고 알맞은 것에 ✔ 하세요.

▶ 정답 5쪽

1 신석기 시대 사람들이 지은 집의 이름은 무엇인가요?

㉠ 움집 ☐ ㉡ 초가집 ☐ ㉢ 기와집 ☐

2 신석기 시대가 구석기 시대와 다른 가장 큰 특징은 무엇인가요?

㉠ 농사를 지었다. ☐
㉡ 옷을 입기 시작하였다. ☐

3 가락바퀴와 뼈바늘은 언제 사용하는 물건입니까?

㉠ 옷을 만들 때 ☐
㉡ 음식을 만들 때 ☐

4 신석기 시대 사람들이 몸을 치장하는 데 사용한 것은 어느 것인가요?

㉠ 조개껍데기 ☐
㉡ 과일의 씨앗 ☐

한국사 ○ 신석기 시대의 생활

키워드 🔍		쉬움	보통	어려움
• 신석기 시대	제재			
• 생활 모습	어휘			
	문장			

지금으로부터 약 1만 년 전, 오랜 빙하기가 끝나고 **기후**가 점점 따뜻해지기 시작했어요. 이러한 기후 환경의 변화는 사람들의 삶의 모습도 바꾸어 놓았지요.

㉠구석기 시대의 사람들은 사냥이나 **채집**, 낚시 등을 통해 먹을 것을 얻었어요. 하지만 신석기가 시작되면서 사람들은 농사를 짓게 되었지요. 쌀을 얻는 벼농사가 시작된 것은 아니에요. 쉽게 구할 수 있고 기르기도 쉬운 조, 피, 기장, 콩 같은 잡곡류를 심고 길러 식량을 얻었어요. 농작물의 양이 늘어나 곡식을 저장하면서부터는 겨울에도 굶는 일이 줄어들었답니다.

㉡사람들은 농사를 짓기 시작하면서부터 이곳저곳을 떠돌지 않고 한곳에 모여 살았어요. 농사짓기에 편하고, 고기잡이도 쉬운 강가나 바닷가에 집터를 잡았지요. 신석기 시대의 사람들이 지은 집을 '움집'이라고 하는데, 땅을 50~100cm 정도 깊이로 파서 집을 지어요. 이렇게 하면 여름에는 시원하고 겨울에는 따뜻하기 때문이에요.

한곳에 **정착**하고 살게 되면서 사람들은 '사냥해 온 짐승을 길러 볼까?'라고 생각했어요. 추운 겨울이나 사냥을 할 수 없을 때에도 고기를 얻을 수 있고, 짐승으로부터 공격을 당해 다치는 일도 줄어들기 때문이지요. **가축**을 길러 고기를 얻고, 가죽으로는 옷을 만들어 입었어요. 옷을 만들기 위해 실과 바늘이 필요했기 때문에 가락바퀴와 뼈바늘을 만들게 되었어요.

곡식을 먹고 남는 경우가 생기자 사람들은 남는 곡식을 담아 둘 그릇을 만들게 되었어요. 흙을 빚어 불에 구워 단단한 그릇을 만들고 겉면에는 빗살무늬를 새겨 넣었어요. 그렇게 하면 그릇이 갈라지지 않기 때문이에요. 이 그릇을 '빗살무늬 토기'라고 하지요.

신석기 시대에는 돌을 날카롭게 갈아서 만든 간석기를 사용했어요. 돌을 날카롭게 만들면 고기를 자르거나 농사를 짓기가 훨씬 편해지거든요. 사람들은 농사, 사냥, 고기잡이 등 각각의 쓰임새에 맞게 더 **정교하고** 모양도 보기 좋은 돌 도구를 만들어 사용했어요.

신석기 시대 다음에는 청동기 시대가 이어지는데요, 사람들의 생활이 또 어떻게 달라질까요?

📖 어휘 풀이

- **기후**: 일정한 지역에서 여러 해에 걸쳐 나타난 기온, 비, 눈, 바람 따위의 평균 상태.
- **채집**: 널리 찾아서 얻거나 캐거나 잡아 모으는 일.
- **정착**: 일정한 곳에 자리를 잡아 붙박이로 있거나 머물러 삶.
- **가축**: 집에서 기르는 짐승.
- **정교하고**: 솜씨나 기술 따위가 빈틈이 없고 자세하고.

○ 가축과 짐승의 관계

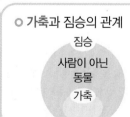

▲ 가축이 짐승에 포함됨.

1 ⊙ 문장의 서술어와 서술어의 종류가 같은 문장은 어느 것입니까?

··· ( )

① 잘 익은 사과가 맛있다.

② 우리 언니는 중학생이다.

③ 우리 아빠는 선생님이시다.

④ 짝이 손을 들고 일어나서 발표하였다.

⑤ 내 짝 민성이는 모든 친구들에게 친절하다.

서술어는 '무엇이다, 어떠하다, 어찌하다'로 나누어 생각할 수 있어요.

○ 문장의 짜임을 파악하며 읽기

2 문장의 짜임을 생각하며 ⓒ 문장을 주어 뒤에서 바르게 끊어 읽은 것은 어느 것입니까? ····························· ( )

① 사람들은 / 농사를 짓기 시작하면서부터 이곳저곳을 떠돌지 않고 한곳에 모여 살았어요.

② 사람들은 농사를 짓기 시작하면서부터 / 이곳저곳을 떠돌지 않고 한곳에 모여 살았어요.

③ 사람들은 농사를 짓기 시작하면서부터 이곳저곳을 / 떠돌지 않고 한곳에 모여 살았어요.

④ 사람들은 농사를 짓기 시작하면서부터 이곳저곳을 떠돌지 않고 / 한곳에 모여 살았어요.

⑤ 사람들은 농사를 짓기 시작하면서부터 이곳저곳을 떠돌지 않고 한곳에 / 모여 살았어요.

'-은, -는, -이, -가'와 같은 말이 붙은 주어를 먼저 찾아보아요.

3 다음 문장의 주어와 서술어를 찾아 쓰시오.

> 한곳에 정착하고 살게 되면서 사람들은 '사냥해 온 짐승을 길러 볼까?'라고 생각했어요.

(1) 주어: ( )

(2) 서술어: ( )

◯ 핵심 정보 파악

4 신석기 시대 사람들의 생활 모습으로 알맞지 <u>않은</u> 것은 무엇입니까?⋯⋯⋯⋯⋯⋯⋯ (   )

① 움집을 지어 생활하였다.
② 가축을 기르기 시작하였다.
③ 잡곡류를 심고 길러 식량을 얻었다.
④ 돌을 깨뜨려 만든 뗀석기를 사용하였다.
⑤ 가락바퀴와 뼈바늘을 사용하여 옷을 만들었다.

5 다음 중 신석기 시대의 그릇으로 알맞은 것에 ◯표 하시오.

(1) (   )   (2) (   )   (3) (   )

◯ 글의 내용을 원인과 결과로 정리하기

6 신석기 시대 사람들의 생활 모습이 다음과 같이 변하게 된 까닭은 무엇인지 빈칸에 알맞은 말을 써넣으시오.

> • 겨울에 추위가 닥쳐도 굶는 일이 줄어들었다.
> • 사람들이 이곳저곳을 떠돌지 않고 강가나 바닷가에 모여 살게 되었다.
> • 먹고 남은 곡식을 담아 둘 그릇을 만들게 되었다.

➡ 신석기 시대 사람들은 ☐☐ 를 짓게 되었기 때문이다.

신석기 시대의 생활 모습을 알아볼까요?

>> 신석기 시대의 생활 모습에 대해 설명하는 글을 읽어 보았습니다. 빈칸에 들어갈 말을 [보기]에서 찾아 써넣으며 글 내용을 정리해 봅시다.

보기

농사	가축	움집	어류
뼈바늘	빗살무늬	간석기	초가집
뗀석기	민무늬	청동기	채집

4 일

1 주

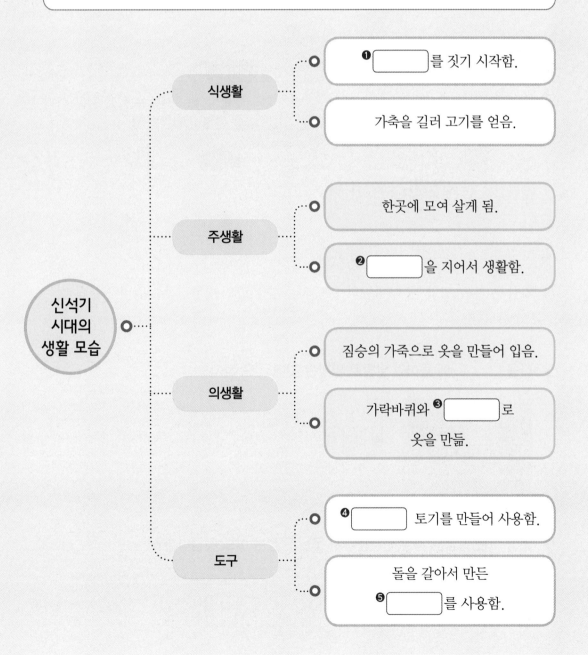

신석기 시대의 생활 모습

식생활
- ❶ [　　　]를 짓기 시작함.
- 가축을 길러 고기를 얻음.

주생활
- 한곳에 모여 살게 됨.
- ❷ [　　　]을 지어서 생활함.

의생활
- 짐승의 가죽으로 옷을 만들어 입음.
- 가락바퀴와 ❸ [　　　]로 옷을 만듦.

도구
- ❹ [　　　] 토기를 만들어 사용함.
- 돌을 갈아서 만든 ❺ [　　　]를 사용함.

● 날씨, 기후, 기온, 기상은 어떻게 다를까요? 다음을 보고 생각해 봅시다.

날씨

한 지역에서 그날그날의 비, 구름, 바람, 기온 따위가 나타나는 대기 상태. '일기'라고도 함.

오늘의 날씨를 관측해야지. 기온과 강수량은……

기후

일정한 지역에서 여러 해에 걸쳐 나타나는 평균적인 날씨.

30년 동안 날씨를 관측해 보니 우리나라 기후는 온대 기후야.

↳ 매일매일의 '날씨'가 모여 '기후'를 이룹니다.

기온

공기의 온도.

기상

바람, 비, 구름, 눈 등과 같은 대기 현상을 통틀어 일컫는 말.

↳ '기상'은 기온, 기압, 풍속(바람의 속도)과 풍향(바람의 방향), 강수량(비나 눈의 양) 등을 모두 포함합니다.

1 다음 (　　　)에 들어갈 낱말로 알맞은 것에 ○표 하시오.

➡ 일기 예보는 앞으로의 (날씨 / 기후)를 예상하여 미리 알려 주는 것입니다.

2 밑줄 그은 낱말을 알맞게 사용하지 <u>못한</u> 문장은 어느 것입니까? ·············· (　　　)

① 밤이 되자 <u>기온</u>이 떨어졌다.　　　② 이곳 <u>기후</u>는 농사짓기에 좋다.
③ 내일은 <u>기후</u>가 오늘보다 좋을 것이다.　　④ 오늘 <u>날씨</u>를 보니 우산을 가져가야겠다.
⑤ <u>기상</u>이 악화되어 섬으로 들어가는 배가 뜨지 못한다.

사회 —○ 김치가 중국 것이라고?

배경지식의 힘

QR을 찍어 동영상을 보고
김치에 대해 알아봅시다.

5
일

1
주

김치에 대해 알아볼까요?

김치 | #우리나라 | #전통_음식 | #조상의_지혜 | #종류_많음

▶ 동영상을 보고 알맞은 것에 ✔ 하세요.

▶ 정답 6쪽

1 김치는 어떤 음식인가요?

㉠ 우리나라의 전통 음식 ☐
㉡ 외국으로부터 수입한 음식 ☐

2 우리 조상들은 왜 김치를 만들어 먹었나요?

㉠ 남는 채소를 활용하기 위해서 ☐
㉡ 채소를 구하기 어려운 겨울에 비타민을 섭취
하기 위해서 ☐

3 지역마다 김치의 종류나 맛이 다른 까닭은 무
엇인가요?

㉠ 지역마다 기후가 다르기 때문이다. ☐
㉡ 지역마다 김치를 만드는 날짜가 다르기 때문
이다. ☐

4 계절마다 만들어 먹는 김치의 종류가 다른 까
닭은 무엇인가요?

㉠ 계절에 따라 사용하는 그릇이 다르기 때문이
다. ☐
㉡ 각 계절에 많이 나는 채소를 이용해서 김치를
만들기 때문이다. ☐

사회 —○ 김치가 중국 것이라고?

키워드 🔍		쉬움	보통	어려움
· 김치	제재			
· 문화	어휘			
	문장			

　요즈음 김치가 중국 **고유**의 음식이라고 **주장**하는 중국 사람들이 많아졌어. ㉠ 김치는 우리 조상의 지혜가 담긴 음식이야. 그런데 왜 중국 사람들은 김치를 자기네 음식이라고 하는 것일까?

　우리나라의 드라마나 영화, 노래 등이 다른 나라에서 인기가 높아지면서 덩달아 우리나라 음식에 대한 인기도 높아지고 있어. 우리나라의 라면이나 떡볶이, 즉석밥 등의 **수출**이 늘어나고 있는 것에서 알 수 있지. 특히 김치는 면역력을 높일 수 있는 건강 식품이라는 점이 널리 알려지면서 김치를 찾는 외국인들이 점점 늘어나고 있어.

　그러자 김치가 원래 중국의 음식이었는데 한국으로 건너간 것이며 김치는 중국 음식이라고 말하는 중국 사람들이 많아졌어. 옛날부터 중국은 아시아의 중심이 중국이라는 **당당함**이 대단했거든. 그런데 요즈음 들어서 우리나라 문화가 세계에 널리 알려지자 이것을 샘내게 되었지. 그러면서 ㉡ 일부 중국 사람들은 이런 잘못된 생각을 가지게 되었어.

　"세계 최고의 문화는 모두 원래 중국의 것이야. 그런데 중국 주변 나라들이 그것을 자기네 나라로 가져갔으니 다시 중국의 것으로 되돌려 놓아야 해."

　이런 주장이 일부 사람들의 것이라고 생각하면서 **손을 놓고** 있어서는 안 돼. 그렇게 되면 한복도 아리랑도 판소리도 나아가서는 태극기도 중국 것이라고 말하는 중국 사람들이 점점 늘어나게 될 거야.

　그러면 우리는 어떻게 해야 할까? 잘못된 정보를 전달하는 누리 소통망(SNS)이나 단체가 있다면 댓글을 쓰거나 이메일을 보내서 무엇이 잘못되었는지 알려 주어야 해. 우리나라의 문화를 세계에 알리는 단체에 직접 참여하여 활동하거나 기부를 하는 방법도 있지. 두 눈을 크게 뜨고 두 귀를 활짝 열고 잘못된 주장을 하는 중국 사람들에게 이렇게 말해 주어야 해.

　"자기 나라의 문화를 존중받으려면 다른 나라의 문화부터 존중해 주세요."

📖 어휘 풀이

· **고유**: 본래부터 가지고 있는 특별한 것.
· **주장**: 자기의 생각을 굳게 내세움.
　예 주장을 뒷받침하는 알맞은 까닭이 있어야 합니다.
· **수출**: 자기 나라의 물건이나 기술을 다른 나라로 팔아 내보냄.
· **당당함**: 남 앞에 내세울 만큼 모습이나 태도가 떳떳함.
○ 손을 놓고: 하던 일을 그만두거나 잠시 멈추고.
　예 농부는 잠시 손을 놓고 쉬었습니다.

○ '손'과 관련된 표현
· 손을 끊다
　교제나 거래를 중단하다.

· 손을 내밀다
　❶ 무엇을 달라고 요구하다.
　❷ 친하려고 나서다.

· 손을 떼다
　하던 일을 그만두다.

1 ㉠ 문장과 문장의 짜임이 같은 문장은 어느 것입니까?·········· (   )

① 흥부의 형 놀부는 심술궂었다.
② 놀부는 일부러 제비 다리를 부러뜨렸다.
③ 흥부는 제비가 가져다준 박씨를 심었다.
④ 구렁이를 피하려던 제비가 둥지에서 떨어졌다.
⑤ 흥부가 켠 박에서 나온 보물은 갖은 곡식과 돈이었다.

문해력 tip 문장의 짜임

김치는 (무엇은)
(주어)
+
우리 조상의 지혜가 담긴
+
음식이야. (무엇이다)
(서술어)

○ 문장을 짜임을 파악하며 끊어 읽기

2 문장의 짜임을 생각하며 ㉡ 문장을 주어 뒤에서 바르게 끊어 읽은 것은 어느 것입니까?·········· (   )

① 일부 / 중국 사람들은 이런 잘못된 생각을 가지게 되었어.
② 일부 중국 / 사람들은 이런 잘못된 생각을 가지게 되었어.
③ 일부 중국 사람들은 / 이런 잘못된 생각을 가지게 되었어.
④ 일부 중국 사람들은 이런 / 잘못된 생각을 가지게 되었어.
⑤ 일부 중국 사람들은 이런 잘못된 생각을 / 가지게 되었어.

○ 주어와 서술어 찾기

3 다음 밑줄 그은 문장에서 주어와 서술어를 찾아 쓰시오.

> 아리랑은 오래전부터 불렸던 우리나라의 민요야. 아리랑은 2012년에 유네스코 인류 무형 유산으로 등재되었어. 요즈음에는 아리랑도 중국 노래라고 하는 중국 사람들이 있다는데 혹시 그런 사람을 보거나 글을 읽게 된다면 아리랑이 왜 우리나라 민요인지 정확하게 알려 주어야 해.

(1) 주어: (   )

(2) 서술어: (   )

문해력 tip 서술어가 나타내는 것 알기

서술어에서 '무엇이다'는 주어를 좀 더 자세히 설명해 주어요.
'어찌하다'는 움직임을 나타내고, '어떠하다'는 성질이나 상태를 나타내지요.

5
일

1
주

○ 핵심 정보 파악

4 이 글의 내용으로 알맞지 <u>않은</u> 것은 무엇입니까? ──────────────── (   )

① 한복, 아리랑, 판소리는 우리나라 고유의 문화이다.

② 김치가 중국에서 생긴 것이라고 말하는 중국 사람들이 있다.

③ 다른 나라의 문화를 존중하자는 운동이 중국에서 일어나고 있다.

④ 다른 나라 사람들이 우리나라 음식에 대해 관심을 많이 가지고 있다.

⑤ 우리나라의 드라마, 영화, 노래 등이 다른 나라에서 인기가 높아지고 있다.

○ 낱말 뜻 추론하기

5 다음 한자의 뜻을 보고 빈칸에 들어갈 알맞은 낱말을 쓰시오.

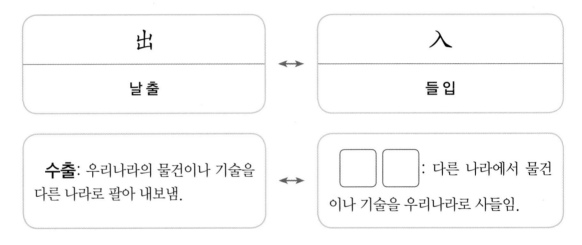

出		入
날 출	↔	들 입

수출: 우리나라의 물건이나 기술을 다른 나라로 팔아 내보냄. ↔ ☐☐ : 다른 나라에서 물건이나 기술을 우리나라로 사들임.

○ 글의 내용 평가하기

6 다음과 같은 현상을 보고 우리가 해야 할 일을 알맞게 말한 사람의 이름을 쓰시오.

> 최근 한복이 중국의 것이라고 주장하는 중국 사람들이 많아졌다. 중국 드라마에는 한복을 입은 사람들이 나오기도 하고, 예능 프로그램에서도 한복을 입은 사람들이 나와서 아리랑에 맞추어 춤을 추기도 한다.

> 서윤: 우리도 쿵후 같은 것이 우리나라 고유의 무술이라고 우기면 돼.
> 은우: 잘못된 정보를 전달하는 누리 소통망(SNS)이나 단체가 있다면 나쁜 말을 전하는 댓글을 쓰거나 이메일을 보내.
> 진서: 우리나라의 문화를 세계에 알리는 단체에 직접 참여하여 활동하거나 기부를 하는 것이 좋겠어.

(   )

김치에 대한 문제를 정리해 볼까요?

>> 「김치가 중국 것이라고?」 글을 읽었습니다. 빈칸에 들어갈 말을 [보기]에서 찾아 써넣으며 글 내용을 정리해 봅시다.

┌─ 보기 ─────────────────────────────────────┐
│ 음식   중국   대한민국   올림픽   │
│ 이름   단체   쌀국수   김치   │
│ 수출   정보   만리장성   쿵후   │
└──┘

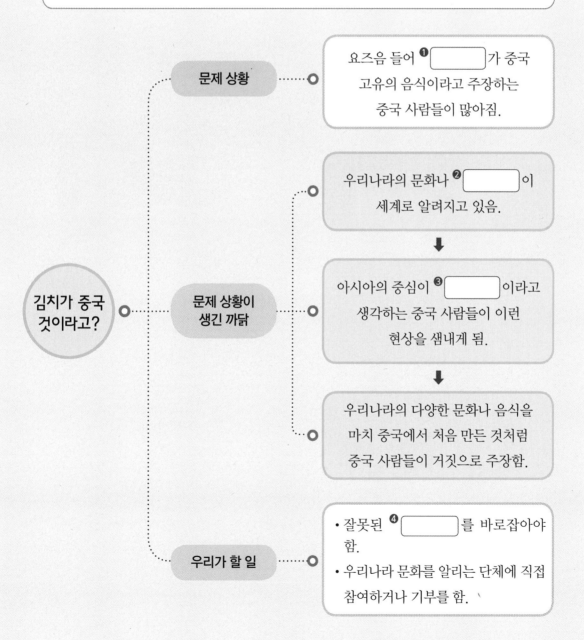

김치가 중국 것이라고?

문제 상황
요즈음 들어 ❶[   ]가 중국 고유의 음식이라고 주장하는 중국 사람들이 많아짐.

문제 상황이 생긴 까닭
우리나라의 문화나 ❷[   ]이 세계로 알려지고 있음.

↓

아시아의 중심이 ❸[   ]이라고 생각하는 중국 사람들이 이런 현상을 샘내게 됨.

↓

우리나라의 다양한 문화나 음식을 마치 중국에서 처음 만든 것처럼 중국 사람들이 거짓으로 주장함.

우리가 할 일
• 잘못된 ❹[   ]를 바로잡아야 함.
• 우리나라 문화를 알리는 단체에 직접 참여하거나 기부를 함.

5
일

1
주

'손을 놓다'와 같이 둘 이상의 낱말로 이루어져 있으면서 새로운 뜻을 나타내는 말을 '관용어'라고 해요. '손'과 관련된 관용어를 알아볼까요?

손을 놓다
하던 일을 그만두거나 잠시 멈추다.

손이 크다
씀씀이가 후하고 크다.

손이 맵다
손으로 슬쩍 때려도 몹시 아프다.

손에 땀을 쥐다
아슬아슬하여 마음이 조마조마하다.

1 다음 상황에서 쓸 수 있는 관용어에 ○표 하시오.

> 친구가 준비물을 필요한 양보다 많이 살 때

(1) 손을 놓다 (   )   (2) 손이 크다 (   )

(3) 손이 맵다 (   )   (4) 손에 땀을 쥐다 (   )

2 다음 ◻ 안에 알맞은 관용어를 줄로 이으시오.

(1) 힘들게 일했으니 ◻◻◻◻ 잠시 쉬렴. · · ① 손이 매워서

(2) 동생이 때렸는데도 ◻◻◻◻ 한참 동안 아팠다. · · ② 손을 놓고

2주

핵심어를 찾으며 읽기

문해력이 뛰어난 사람은 어떻게 읽을까?

문해력이 뛰어난 사람은 효율적으로 읽어요. 글에서 중요한 제재가 무엇인지, 문장에서 중요한 낱말은 무엇인지 찾아 가며 읽어요. 집중해서 읽어야 할 부분이 어느 부분인지 알고 읽기 때문에 보다 빨리, 정확하게 읽을 수 있어요. 효율적 읽기의 첫 단계로 핵심어에 대해 알아보아요.

2주에 공부할 내용

문해력 ── ○ **핵심어를 찾으며 읽기**

이런 친구들을 위한
문해력 솔루션! +

· 제목도 보지 않고 무작정 읽기부터 시작한다.
· 몇 문장을 읽어도 기억에 남는 어휘가 없다.
· 글을 다 읽었는데 중요한 게 무엇인지 모른다.

뭐 일단 읽고
보는 거지!

✕

● 글의 핵심어란 무엇일까?

다음 두 친구를 비교해 볼까요?

이 글은 ○○에 대해서 쓴 글이군. ○○이 무엇인지 생각하며 읽어야겠어.

오, 좀 긴 글인데? 글이 기니까 빨리 읽고 나서 문제를 풀어야지.

왼쪽의 친구는 글이 어떤 내용인지, 무엇을 중심으로 읽어야 할지 생각하며 읽어요. 그런데 오른쪽의 친구는 무조건 긴 글이니까 어서 읽고 문제를 풀려고 하지요. 두 친구 중 누가 글을 더 잘 이해할 수 있을까요?

왼쪽의 친구는 그 글의 핵심어가 무엇인지 알고 있어요. **핵심어란 문장이나 글에서 가장 중요한 말**이에요. 글에서 다루고 있는 중요한 내용이나 글쓴이가 전하고자 하는 생각과 관련된 말이 핵심어이지요.

■ 핵심어와 비슷한말
중심 글감 글에서 다루고 있는 중요한 글의 재료.

중심 낱말 글이나 문장에서 중심이 되는 낱말.

주요 제재 작품의 바탕이 되는 주된 제재. 중심 글감과 비슷한말.

글을 읽을 때는 그 글의 핵심어가 무엇인지 생각하며 읽어야 해요. 그래야 글을 읽다가 핵심어가 나왔을 때 아, 이 부분이 글에서 중요한 내용이구나 하고 밑줄을 그을 수 있지요.

핵심어

▲ 핵심어에 표시를 하며 읽어요!

핵심어 찾기!

그렇다면 핵심어는 어떻게 찾을 수 있을까요?

제목에서 핵심어 찾기

글의 제목을 보면 그 글의 중심 글감이나 핵심어도 짐작할 수 있어요. 어떤 대상이나 사실을 설명하는 글은 설명하는 대상을 중심으로 글의 제목을 짓기 때문이에요. 따라서 이러한 글 제목은 핵심어를 그대로 드러내어 짓는 경우가 많아요.

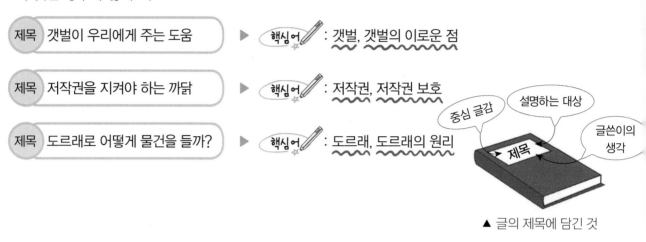

제목 갯벌이 우리에게 주는 도움 ▶ 핵심어 : 갯벌, 갯벌의 이로운 점

제목 저작권을 지켜야 하는 까닭 ▶ 핵심어 : 저작권, 저작권 보호

제목 도르래로 어떻게 물건을 들까? ▶ 핵심어 : 도르래, 도르래의 원리

중심 글감 / 설명하는 대상 / 글쓴이의 생각 / 제목

▲ 글의 제목에 담긴 것

문장에서 핵심어 찾기

문장에도 핵심어가 숨어 있어요. 문장의 핵심어는 어떻게 찾을까요?
글을 읽다 보면 다음과 같이 '무엇은 무엇이다'와 같은 짜임을 가진 문장을 볼 수 있어요. 어떤 대상을 설명하는 글은 아래와 같은 문장이 자주 나오지요.

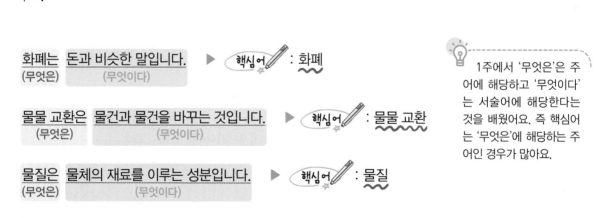

화폐는 돈과 비슷한 말입니다. ▶ 핵심어 : 화폐
(무엇은)　(무엇이다)

물물 교환은 물건과 물건을 바꾸는 것입니다. ▶ 핵심어 : 물물 교환
(무엇은)　(무엇이다)

물질은 물체의 재료를 이루는 성분입니다. ▶ 핵심어 : 물질
(무엇은)　(무엇이다)

1주에서 '무엇은'은 주어에 해당하고 '무엇이다'는 서술어에 해당한다는 것을 배웠어요. 즉 핵심어는 '무엇은'에 해당하는 주어인 경우가 많아요.

'무엇은 무엇이다'와 같은 문장은 주어가 핵심어인 경우가 많아요. 글을 읽다가 위와 같은 형식의 문장이 나오면 주어에 해당하는 낱말에 동그라미를 치며 읽어요.

핵심어! 무엇이다
무엇은 → 어떠하다
→ 어찌하다

핵심어를 생각하며 글 읽기

자, 핵심어를 찾았으면 이제 핵심어를 이용해서 글을 읽을 수 있어야 해요. 우리가 핵심어를 찾은 이유는 그 글에서 **무엇이 중요한 내용이고 무엇을 알기 위해 글을 읽는지** 정하기 위해서예요.

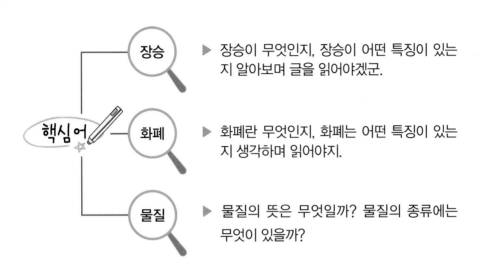

▶ 장승이 무엇인지, 장승이 어떤 특징이 있는지 알아보며 글을 읽어야겠군.

▶ 화폐란 무엇인지, 화폐는 어떤 특징이 있는지 생각하며 읽어야지.

▶ 물질의 뜻은 무엇일까? 물질의 종류에는 무엇이 있을까?

▲ 핵심어를 통해 짐작하기

글을 읽을 때 그 글이 어떤 내용을 담고 있고 어떤 점이 중요할지 생각하며 읽는 것과 무작정 읽는 것과는 많은 차이가 나요. 지금부터라도 핵심어에 동그라미를 치며 글을 읽는 연습을 해 보아요.

확인 문제 **1**   핵심어를 생각하며 글 읽기   ▶ 정답 7쪽

◇ 다음 문장에서 핵심어를 찾고 해당 글은 무엇을 생각하며 읽어야 할지 써 보시오.

(1) 한복은 우리나라의 전통 의상입니다.

⊙ 핵심어 ▶ (   )

ⓒ 읽을 때 생각할 점 ▶ _____

(2) 발효 식품은 좋은 점이 많습니다.

⊙ 핵심어 ▶ (   )

ⓒ 읽을 때 생각할 점 ▶ _____

문해력 솔루션! ╋ | 핵심어를 찾으며 읽기

▶ 제목이나 문장에서 핵심어가 무엇일지 짐작해 보자.
▶ 핵심어를 중심으로 무엇을 생각하며 읽어야 할지 정하고 읽자.

1 다음 글 제목을 보고 그 글의 핵심어가 무엇일지 짐작하여 쓰시오.

글 제목	핵심어
(1) 소화기를 사용하는 방법	
(2) 손과 표정으로 말해요, 수화	
(3) 인터넷 실명제가 필요할까?	

글의 제목은 그 글의 핵심어를 담고 있는 경우가 많아요.

2 [보기]와 같이 다음 문장에서 핵심어를 하나만 찾아 ○표 하시오.

┌─ 보기 ─

　　난청은 소리를 듣는 능력이 떨어진 상태를 말한다.

└─

(1) 조선 시대에 보부상은 물자를 ●보급하는 역할을 하였다.

(2) 철새는 알을 낳거나 겨울을 나기 위해 사는 곳을 옮기는 새이다.

(3) 화폐는 물물 교환의 여러 가지 불편함을 해결해 주었다.

(4) 쓸모없는 땅으로 보이는 갯벌은 사실 여러 가지 도움을 준다.

● 보급 물자나 자금 따위를 계속 대어 줌.
　예 식량과 무기를 보급하다.

3 핵심어에 ○표를 하며 다음 글을 읽어 보시오.

┌─
(1) 옛날 우리나라에서 널리 쓰였던 화폐로는 상평통보를 꼽을 수 있어. 1633년 인조 때 처음으로 만들어진 상평통보는 숙종 때 이르러 널리 쓰이기 시작했는데 가운데에 사각형으로 구멍이 뚫린 원형 모양이야.
└─

글의 핵심어는 중요하다고 생각되는 말이므로 여러 가지가 있을 수 있어요.

┌─
(2) 전체 인구에서 노인 인구가 차지하는 비율이 높아지는 것을 고령화라고 한다. 일반적으로 65세 이상의 노인 인구가 전체 인구의 7% 이상이면 고령화 사회라 하고, 14% 이상이면 고령 사회, 20% 이상이면 초고령 사회라고 정의하기도 한다.
└─

사회 ○ 대기 오염을 줄이는 친환경 자동차

배경지식의힘 👊

QR을 찍어 동영상을 보고
대기 오염에 대해 알아봅시다.

숨막히는 도시, 그 원인은 무엇일까요?

대기_오염 | # 자동차_매연 | # 배기_가스

2일 2주

▶ 동영상을 보고 알맞은 것에 ✔ 하세요.

▶ 정답 8쪽

1 대기 오염의 주된 원인은 무엇이라고 하였나요?

㉠ 공장 매연 ☐
㉡ 자동차 매연 ☐

2 자동차 배기 가스를 구성하는 물질이 <u>아닌</u> 것은 어느 것인가요?

㉠ 수소 ☐　　㉡ 미세 먼지 ☐
㉢ 이산화 질소 ☐　　㉣ 아황산 가스 ☐

3 자동차 매연은 사람에게 어떤 영향을 끼치나요?

㉠ 호흡기 질환을 유발한다. ☐
㉡ 소아 비만 환자를 증가시킨다. ☐

4 오존 지수가 높다는 것은 어떤 의미인가요?

㉠ 대기 오염이 심하다. ☐
㉡ 대기가 맑고 깨끗하다. ☐

대기 오염을 줄이는 친환경 자동차

키워드 Q
• 대기 오염
• 친환경 자동차

	쉬움	보통	어려움
제재			
어휘			
문장			

최근 대기 오염이 큰 문제가 되고 있어요. ㉠ 대기 오염은 매연·먼지·가스 등에 의해 공기가 더러워지는 현상이에요. 많은 사람들이 대기 오염을 줄이기 위한 여러 가지 방법을 찾고 있는데요, 그중에서도 주된 원인이라고 꼽히는 자동차의 탄소 배출을 줄이기 위한 **친환경** 자동차에 대한 관심이 높아지고 있어요. ㉡ 친환경 자동차는 대표적으로 하이브리드 자동차, 전기 자동차, 수소 자동차를 꼽을 수 있습니다.

㉢ 두 가지 이상의 기술을 함께 사용한다는 뜻의 하이브리드 자동차는 화석 연료와 전기를 동시에 연료로 이용하는 자동차예요. **일정** 속도 이상으로 달릴 때에는 화석 연료를 사용하고, 일정 속도 이하로 달릴 때에는 전기 모터를 사용해요. 전기 모터는 자동차 내부에 있는 배터리에서 에너지를 공급받는데, 배터리는 자동차가 달릴 때 자연스럽게 다시 충전돼요. 하이브리드 자동차는 일반 자동차에 비해 연료도 적게 들고, 유해 가스 배출량이 적어서 환경 오염을 줄일 수 있어요.

㉣ 전기 자동차는 전기를 이용하여 달리는 자동차예요. 화석 연료를 사용하는 엔진 대신 배터리를 **탑재하고**, 배터리에서 공급되는 전기 에너지로 전기 모터를 움직여 자동차가 움직이게 만들어요. 전기 자동차는 화석 연료를 사용하지 않아 이산화 탄소나 질소 산화물을 배출하지 않아 친환경적일뿐만 아니라, 소음이 적다는 장점도 가지고 있어요.

㉤ 수소 자동차는 수소를 연료로 전기를 만드는 전지를 이용한 자동차예요. 수소와 산소를 반응시키면 물과 전기 에너지를 얻을 수 있어요. 이때 만들어진 전기 에너지로 자동차를 움직이고, 물은 남은 공기와 함께 대기 중으로 내보내요. 이 물이 수소 자동차의 유일한 배출물이기 때문에 대기 오염을 시키지 않는 친환경 자동차로 불려요.

우리나라뿐만 아니라 여러 나라에서 **보조금**을 주거나 자동차에 대한 세금을 낮추어 주는 등의 혜택을 주면서 친환경 자동차를 보급하고 있어요. 하루빨리 친환경 자동차가 대중화되어 환경 보호에도 도움이 되고 우리도 마음 놓고 숨쉴 수 있게 되면 좋겠습니다.

📖 **어휘 풀이**

• **친환경**: 자연환경을 오염하지 않고 자연 그대로의 환경과 잘 어울리는 일.
• 일정: 어떤 것의 크기, 모양, 범위, 시간 따위가 하나로 정해져 있음.
• **탑재하고**: 배, 비행기, 차 따위에 물건을 싣고.
• **보조금**: 정부나 공공 단체가 기업이나 개인에게 주는 돈.

○ 일정의 한자

하나 **일**   정할 **정**

▶ 하나로 정해져 있음.
例 기차가 일정한 속도로 달린다.

1 이 글의 제목에서 핵심어를 찾은 것으로 가장 알맞은 것에 ○표 하시오.

(1) 대기 오염 ··· (　　　)

(2) 줄이는 ··· (　　　)

(3) 친환경 자동차 ·· (　　　)

(4) 대기 오염을 줄이는 친환경 자동차 ··················· (　　　)

어떤 대상이나 사실을 설명하는 글은 설명하는 대상을 중심으로 글의 제목을 지어요.

2 ㉠~㉤ 문장에서 핵심어를 찾은 것으로 알맞지 않은 것은 어느 것입니까? ·· (　　　)

① ㉠ 대기 오염　　　　② ㉡ 친환경 자동차

③ ㉢ 두 가지　　　　　④ ㉣ 전기 자동차

⑤ ㉤ 수소 자동차

2
일

2
주

'무엇은 무엇이다' 짜임의 문장은 주어가 핵심어인 경우가 많아요.

3 다음 글에서 핵심어를 생각하며 글을 읽은 사람은 누구인지 이름을 쓰시오.

> 　수소 자동차는 수소를 연료로 전기를 만드는 전지를 이용한 자동차예요. 수소와 산소를 반응시키면 물과 전기 에너지를 얻을 수 있어요. 이때 만들어진 전기 에너지로 자동차를 움직이고, 물은 남은 공기와 함께 대기 중으로 내보내요. 이 물이 수소 자동차의 유일한 배출물이기 때문에 대기 오염을 시키지 않는 친환경 자동차로 불려요.

> 민철: 수소와 산소를 반응시키면 어떻게 될까?
> 재하: 수소 자동차가 왜 친환경 자동차로 불리는 걸까?
> 시은: 수소 외에 전기를 만들 수 있는 기체는 무엇이 있을까?

(　　　　　　　　　　　)

4 친환경 자동차에 대한 관심이 높아지는 까닭은 무엇인지 빈칸에 들어갈 알맞은 말을 써넣으시오.

• 대기 오염의 주된 원인인 자동차의 ☐☐ 배출을 줄이기 위해서이다.

5 하이브리드 자동차에 대한 설명으로 알맞지 <u>않은</u> 것은 어느 것입니까? ⸻⸻ ( )

① 일반 자동차에 비해 연료가 많이 든다.
② 화석 연료와 전기를 동시에 연료로 이용한다.
③ 배터리는 자동차가 움직일 때 다시 충전된다.
④ 일정 속도 이상으로 달릴 때에는 화석 연료를 사용한다.
⑤ 천천히 달릴 때에는 전기 모터를 사용해 자동차를 움직인다.

○ 핵심 정보 파악

6 이 글에서 친환경 자동차에 대해 설명한 내용으로 알맞지 <u>않은</u> 것은 어느 것입니까?

⸻⸻ ( )

① 친환경 자동차는 일반 자동차보다 탄소 배출을 줄인 자동차이다.
② 전기 자동차는 화석 연료를 사용하지 않기 때문에 친환경 자동차이다.
③ 친환경 자동차에는 하이브리드 자동차, 전기 자동차, 수소 자동차 등이 있다.
④ 수소 자동차는 유해 가스 대신 수소를 대기 중으로 배출하기 때문에 대기 오염을 시키지 않는다.
⑤ 하이브리드 자동차는 일반 자동차에 비해 유해 가스 배출량이 적어서 환경 오염을 줄일 수 있다.

○ 글의 내용 평가하기

7 이 글을 읽고 생각이나 느낌을 가장 알맞게 말한 사람의 이름을 쓰시오.

> 정은: 나는 어릴 때 장난감 자동차를 좋아해서 많이 모았던 기억이 있어.
> 태현: 환경을 지키는 친환경 자동차가 더 많이 개발되고 대중화되면 좋겠어.
> 인호: 나는 음식물 쓰레기를 줄이기 위해서 편식을 하지 않고 잔반을 남기지 않으려고 노력하고 있어.

( )

친환경 자동차의 종류를 알아볼까요?

» 친환경 자동차에 대해 설명하는 글을 읽어 보았습니다. 빈칸에 들어갈 말을 [보기]에서 찾아 써넣으며 글 내용을 정리해 봅시다.

보기

대기 오염	수질 오염	음식물 쓰레기
전기	수소	이산화 탄소
하이브리드	스마트	엔진

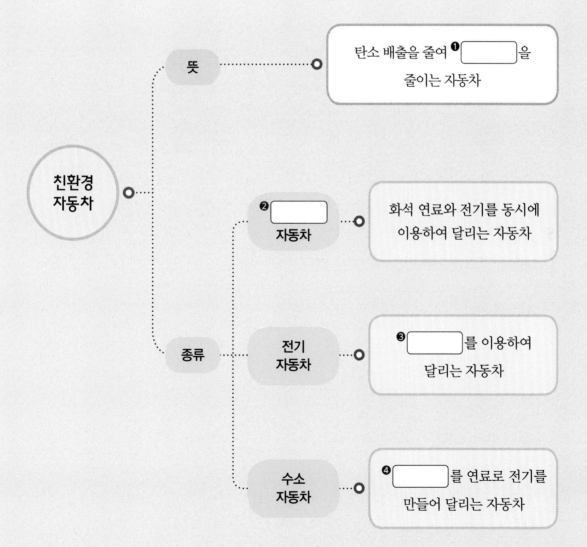

친환경
자동차

뜻 —○ 탄소 배출을 줄여 ❶[   ]을 줄이는 자동차

종류

❷[   ] 자동차 —○ 화석 연료와 전기를 동시에 이용하여 달리는 자동차

전기 자동차 —○ ❸[   ]를 이용하여 달리는 자동차

수소 자동차 —○ ❹[   ]를 연료로 전기를 만들어 달리는 자동차

접두사와 접미사가 붙은 말

▶ 정답 8쪽

● '친환경'의 '친-'과 같이 어떤 말 앞에 붙어서 일정한 뜻을 더해 주는 말을 접두사라고 하고, '보조금'의 '-금'과 같이 어떤 말 뒤에 붙어서 일정한 뜻을 더해 주는 말을 접미사라고 합니다. 접두사와 접미사가 붙은 말을 알아봅시다.

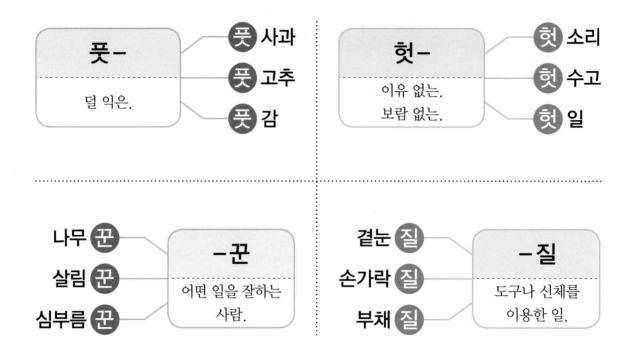

1 다음 낱말의 뜻으로 빈칸에 알맞은 말을 써넣으시오.

(1) 풋사과: ⬚ 사과

(2) 심부름꾼: 심부름을 ⬚

2 '도구나 신체를 이용하는 일'이라는 뜻의 접미사 '-질'이 들어간 낱말이 <u>아닌</u> 것은 어느 것입니까? .... ( )

① 껍질   ② 걸레질
③ 가위질   ④ 망치질
⑤ 손가락질

사회

삼한사온? 이제는 삼한사미!

배경지식의 힘

QR을 찍어 동영상을 보고
미세 먼지에 대해 알아봅시다.

미세 먼지,
완벽하게 정복해 보자!

미세_먼지 | # 위험성 | # 대처_방법

3일 **2**주

동영상을 보고 알맞은 것에 ✓ 하세요.

▶ 정답 9쪽

1 미세 먼지에 대한 설명으로 알맞은 것은 어느 것인가요?

㉠ 인위적인 오염 물질이다. ☐
㉡ 자연적으로 발생하는 오염 물질이다. ☐

2 미세 먼지는 다음 중 무엇인가요?

㉠ 고체 ☐
㉡ 액체 ☐
㉢ 기체 ☐

3 미세 먼지의 영향으로 알맞은 것은 어느 것인가요?

㉠ 심장을 튼튼하게 한다. ☐
㉡ 폐나 기관지에 염증을 일으킨다. ☐

4 미세 먼지 대처 방법으로 알맞은 것은 어느 것인가요?

㉠ 창문을 열고 외출한다. ☐
㉡ 외출 후에는 손과 발을 깨끗이 씻는다. ☐

사회

삼한사온? 이제는 삼한사미!

키워드 🔍
· 미세 먼지
· 겨울철 날씨

	쉬움	보통	어려움
제재			
어휘			
문장			

'삼한사온'이라는 말을 들어 보았나요? ㉠삼한사온은 겨울철 3일은 추운 날이 연속되고, 4일은 포근한 날이 계속된다는 뜻으로 우리나라 겨울철 날씨의 특징이에요. 그렇다면 '삼한사미'라는 말은 들어 보았나요? ㉡'삼한사미'는 3일은 추위, 4일은 미세 먼지가 **기승**을 부린다는 뜻으로 우리나라의 최근 겨울 날씨를 비유하는 **신조어**예요.

시베리아 기단

우리나라를 비롯한 중국 동북부 등 동부 아시아의 겨울철 날씨는 시베리아 기단의 영향을 많이 받아요. 시베리아 고기압이 강해지면 북쪽의 추운 지역에서 불어오는 바람의 영향을 받아 춥고 바람이 많이 부는 날씨가 나타나고, 시베리아 고기압이 약해지면 상대적으로 바람이 약해지고 서쪽에서 불어오는 바람의 영향을 받아 온화한 날씨가 돼요. 이때 추운 날 3일이 '삼한'에 해당하고, 온화한 날 4일이 '사온'에 해당하는 것이지요.

'삼한'에 해당하는 날에는 북쪽에서 차고 **청정한** 바람이 불어 대기가 깨끗하지만, '사온'에 해당하는 날에는 바람이 줄면서 공기가 **정체되어** 미세 먼지가 흩어지지 않고 그대로 쌓여 농도가 높아져요. 이 '사온'에 해당하는 날이 미세 먼지 농도가 높다는 뜻으로 '사미'로 불리는 거예요. 우리나라의 서쪽에 있는 중국 동부에는 공업 지대가 많은데, 이곳에서 발생하는 미세 먼지와 대기 오염 물질이 서풍을 타고 우리나라로 전해지는 것도 미세 먼지 농도가 높아지는 원인 중의 하나예요.

요즈음은 지구 온난화로 인한 기후 변화로 삼한사온이 뚜렷하게 나타나지 않기도 하지만 겨울철 미세 먼지는 점점 심해지며 우리의 건강을 위협해요. 미세 먼지는 눈에 보이지 않을 정도로 작지만 호흡기와 폐를 걸쳐 혈관을 따라 체내로 들어가 건강에 좋지 않은 영향을 주지요. 예보를 통해 미세 먼지 농도를 확인하고, 마스크를 착용하는 등 건강을 지키기 위해 노력해야 해요. 그리고 대기 오염 물질을 줄이기 위해 화석 연료 소비를 줄이고 에너지 절약을 **몸소** 실천하도록 해요.

📖 어휘 풀이

· **기승**: 기운이나 힘 따위가 세서 좀처럼 누그러들지 않음. 또는 그 기운이나 힘.
○ 신조어: 새로 생긴 말.
· **청정한**: 맑고 깨끗한.
· **정체되어**: 나아가지 못하고 한자리에 머물러 그쳐.
· **몸소**: 직접 제 몸으로.

○ 신조어의 한자

新 造 語
새 신 지을 조 말씀 어

▶ 새로 만든 말
예 지나친 <u>신조어</u>의 남발은 국어 순화에 어긋나는 일이다.

1 이 글의 제목을 보고 짐작한 것으로 알맞은 것에 ○표 하시오.

(1) '삼한사미'의 뜻을 설명하는 내용일 것이다. .... (　　　)

(2) 여러 가지 사자성어에 대하여 설명하는 내용일 것이다. ― (　　　)

(3) 우리나라의 역사와 관련된 사자성어를 설명하는 내용일 것이다.

.... (　　　)

○ 문장에서 핵심어 찾기

2 ㉠과 ㉡ 문장에서 핵심어를 찾는 방법으로 알맞은 것은 어느 것입니까? .... (　　　)

① 주어에 해당하는 낱말을 찾는다.

② '–이다'로 끝나는 낱말을 찾는다.

③ 가장 많이 반복되는 낱말을 찾는다.

④ 글자 수가 가장 많은 낱말을 찾는다.

⑤ '–을'이나 '–를'이 붙은 낱말을 찾는다.

> ㉠과 ㉡은 주어가 어떠한 뜻을 가진 말인지 설명하는 문장이에요.

○ 핵심어를 생각하며 글 읽기

3 핵심어를 생각하며 글을 읽고 내용을 요약한 것으로 빈칸에 들어갈 말을 [보기]에서 찾아 써넣으시오.

┌─── • 보기 • ───┐

추운　　　따뜻한　　　삼한사온　　　삼한사미

└─────────────┘

• '(　　　　　　)'이란 겨울철 3일은 추운 날이 연속되고 4일은 포근한 날이 계속된다는 뜻으로 우리나라 겨울철 날씨의 특징이다. (　　　　　　) 날씨의 3일은 북쪽에서 부는 바람 때문에 대기가 깨끗하지만 (　　　　　) 날씨의 4일은 바람이 약해 미세 먼지가 쌓여 농도가 높아진다. 이렇게 3일은 추위, 4일은 미세 먼지가 심한 것을 '(　　　　　)'라고 표현한다.

> **문해력 tip** 글의 내용을 요약하기
>
> 글의 내용을 요약할 때에는 중요하지 않은 내용은 지우고, 세부 내용은 대표적인 말로 바꾸어 중심 내용을 정리합니다.

○ 핵심 정보 파악

4 이 글의 내용으로 알맞지 <u>않은</u> 것은 무엇입니까? ·································· (   )

① 우리나라의 겨울철 날씨는 시베리아 기단의 영향을 많이 받는다.

② 미세 먼지는 눈에 보이지 않을 정도로 작지만 건강에 나쁜 영향을 끼친다.

③ '삼한사온' 중 '삼한'에 해당하는 날에는 북쪽에서 차고 청정한 바람이 분다.

④ '삼한사미'는 겨울철에 3일은 춥고 4일은 미세 먼지가 기승을 부린다는 뜻이다.

⑤ '삼한사온'은 겨울철 날씨와 관련이 있고, '삼한사미'는 여름철 날씨와 관련이 있다.

5 글에서 설명하는 우리나라 겨울철 날씨와 관련된 기단의 번호를 쓰시오.

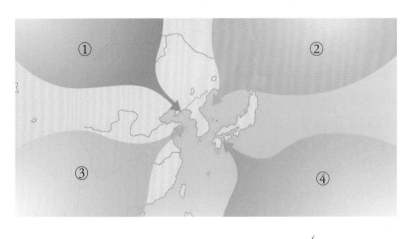

(   )

○ 글쓴이가 글을 쓴 의도 파악하기

6 이 글의 글쓴이가 전하고 싶은 내용을 가장 알맞게 말한 사람의 이름을 쓰시오.

> 해리: 글쓴이는 우리나라 사계절 날씨의 특징을 자세하게 설명하고 싶은 것 같아.
> 가은: 글쓴이는 대기 오염 물질을 줄이고 겨울철 건강을 지키기 위해 노력하자는 말을 전하고 싶어 하는 것 같아.
> 민섭: 글쓴이는 '삼한사미' 같은 신조어나 '삼한사온' 같은 한자어를 사용하지 말고 고유어를 사용하자는 말을 전하려고 해.

(   )

우리나라 겨울철 날씨의 특징에 알아볼까요?

>> 우리나라 겨울철 날씨의 특징에 대해 설명하는 글을 읽어 보았습니다. 빈칸에 들어갈 말을 [보기]에서 찾아 써넣으며 글 내용을 정리해 봅시다.

┌ 보기 ┐

3일	4일	동쪽	서쪽
남쪽	북쪽	온화한	추운
흐린	건조한	미세 먼지	안개

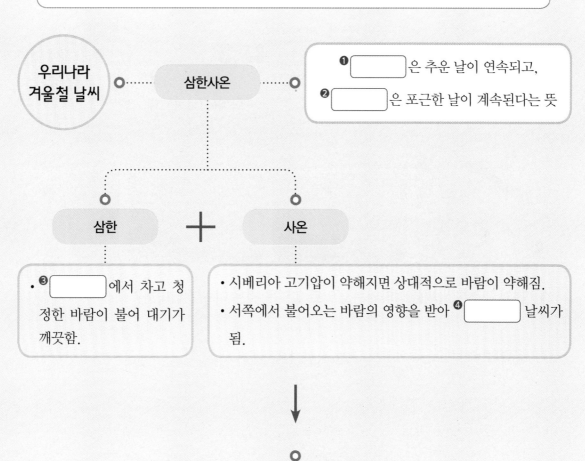

우리나라 겨울철 날씨 ──── 삼한사온 ──── ❶ [　　　　]은 추운 날이 연속되고,
❷ [　　　　]은 포근한 날이 계속된다는 뜻

삼한 ＋ 사온

삼한
• ❸ [　　　　]에서 차고 청정한 바람이 불어 대기가 깨끗함.

사온
• 시베리아 고기압이 약해지면 상대적으로 바람이 약해짐.
• 서쪽에서 불어오는 바람의 영향을 받아 ❹ [　　　　] 날씨가 됨.

사미
• 바람이 줄면서 공기가 정체됨.
• ❺ [　　　　]가 흩어지지 않고 그대로 쌓이게 돼 농도가 높아짐.

● 삼한사온과 같이 계절 날씨와 관련된 낱말이 있어요. 다른 계절 날씨와 관련된 낱말은 무엇이 있을까요? 다음을 보고 생각해 봅시다.

봄	여름	가을	겨울
꽃샘추위 이른 봄, 꽃이 필 무렵의 추위. **봄놀이** 봄철에 나들이하며 즐기는 놀이.	**불볕더위** 햇볕이 몹시 뜨겁게 내리쬘 때의 더위. **무더위** (물 + 더위). 습도가 높아 찌는 듯 견디기 힘든 더위.	**천고마비** 天 高 馬 肥 하늘천 높을고 말마 살찔비 하늘이 높고 말이 살찐다는 뜻으로 가을철을 이르는 말. **된서리** 늦가을에 아주 되게(심하게) 내리는 서리.	**삼한사온** 三 寒 四 溫 석삼 찰한 넉사 따뜻할온 사흘 동안 춥고 나흘 동안 따뜻한 겨울 날씨. **한파** 겨울철에 갑자기 추워지는 현상.

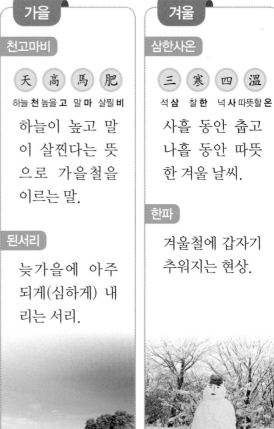

1 봄과 관련한 날씨를 나타내는 낱말로 알맞은 것은 어느 것입니까? ·········· (   )

① 한파　　　　　　② 불볕더위　　　　　　③ 꽃샘추위
④ 천고마비　　　　⑤ 삼한사온

2 계절 날씨와 관련된 낱말을 알맞게 사용하지 <u>못한</u> 문장에 ×표 하시오.

(1) 우리 봄놀이 가서 꽃구경하자. ·· (   )

(2) 된서리가 내려서 벼 수확에 지장이 생겼다. ······························· (   )

(3) 겨울 무더위로 난방용 기구들이 많이 팔리고 있다. ··················· (   )

(4) 한파와 함께 내린 눈으로 채소 가격이 많이 올랐다. ················· (   )

힘과 권력의 상징, 고인돌

배경지식의 힘

QR을 찍어 동영상을 보고
고인돌에 대해 알아봅시다.

이 큰 돌을 어떻게 옮겨서
만들었을까?

고인돌 | # 청동기_시대 | # 받침돌 | # 덮개돌

4 일

2 주

동영상을 보고 알맞은 것에 ✔ 하세요.

▶ 정답 10쪽

1 고인돌은 어느 시대의 무덤인가요?

㉠ 신석기 시대 ☐
㉡ 청동기 시대 ☐

2 고인돌의 아랫부분에 놓인 돌을 무엇이라고
부르나요?

㉠ 받침돌 ☐
㉡ 덮개돌 ☐

3 우리나라의 주요 고인돌 유적이 <u>아닌</u> 곳은 어
디인가요?

㉠ 인천광역시 강화 ☐
㉡ 전라북도 고창 ☐
㉢ 전라남도 화순 ☐
㉣ 경상북도 포항 ☐

4 전 세계 고인돌의 약 60%는 어디에 분포되
어 있나요?

㉠ 미국 ☐ ㉡ 중국 ☐
㉢ 우리나라 ☐

한국사 — 힘과 권력의 상징, 고인돌

키워드 🔍
· 고인돌
· 청동기 시대

	쉬움	보통	어려움
제재			
어휘			
문장			

전라북도 고창은 우리나라 최대의 고인돌 **유적지**예요. 이곳에는 약 500여 개의 고인돌이 모여 있어요. 이렇게 많은 고인돌을 한 번에 만날 수 있는 곳은 세계적으로도 고창이 유일해요. 고창 뿐만 아니라 우리나라 곳곳에는 약 4만 개의 고인돌이 남아 있어요. 전 세계 고인돌의 약 60% 이상이 한반도에 모여 있어서 우리나라는 '고인돌 왕국'이라고 불리기도 하지요. 언뜻 보면 그저 커다란 바위 같은 이 고인돌은 누가, 왜 만들게 되었을까요?

고인돌을 만든 이유를 알기 위해서는 청동기 시대로 거슬러 올라가야 해요. ㉠청동기 시대는 청동기를 도구로 만들어 사용하던 시기예요. 청동기 시대에는 농사 기술이 **발전**하면서 곡식의 생산량이 늘어났어요. 남은 식량은 곧 **재산**이 되었고, 사람들 사이에는 차이가 발생했지요. 결국 재산이 많고 힘이 있는 사람은 마을의 우두머리가 되었어요. 각 마을의 지배자는 자신의 힘을 상징하는 크고 멋진 무덤을 만들었는데 그게 바로 '돌 아래에 받쳐진 돌'이라는 뜻을 가진 고인돌이에요.

㉡고인돌 위의 덮개돌은 하나의 무게만 해도 수십 톤에서 수백 톤에 이르는 거대한 것들이 많아요. 바닥에 놓은 받침돌 위로 무거운 덮개돌을 올리기 위해서는 많은 사람이 필요했어요. 따라서 고인돌의 주인은 많은 사람을 모아 큰 무덤을 만들 정도로 강력한 **권력**을 가진 사람이었음을 알 수 있어요. 받침돌 위에 올라간 덮개돌이 크고 무거울수록 무덤 주인의 권력이 컸을 것이라는 점도 **추측**해 볼 수 있겠지요?

이렇듯 고인돌은 선사 시대 사람들의 삶과 문화를 이해할 수 있는 귀중한 유산이에요. 고창, 화순, 강화에 있는 고인돌 유적은 그 역사적 가치를 인정받아 2000년에 유네스코 세계 문화유산으로 지정되기도 했답니다.

▲ 고인돌

📖 어휘 풀이

· **유적지**: 조상들이 남긴 건축물이나 무덤과 같은 흔적이 있는 곳.
　📄 경주에는 신라 시대의 유물이 많이 남아 있는 <u>유적지</u>가 많다.
· **발전**: 더 좋은 상태나 더 높은 단계로 나아감.
· **재산**: 개인이 갖고 있는 화폐나 물건.
· 권력: 남을 복종시키거나 지배할 수 있는 권리와 힘.
· **추측**: 미래의 일에 대해 상상하거나 생각함.

○ 권력의 한자

권세 **권**　　힘 **력**

▶ 권세와 힘
　📄 왕은 막강한 <u>권력</u>을 가진다.

⬤ 제목에서 핵심어 찾기

1 이 글의 제목에서 핵심어는 무엇일지 짐작하여 ◯표 하시오.

> 힘과 권력의 상징, 고인돌

이 글은 고인돌에 대하여 설명하는 글이야.

⬤ 문장에서 핵심어 찾기

2 ㉠ 문장에 대한 설명으로 알맞지 <u>않은</u> 것은 어느 것입니까? ( )

① 핵심어는 '청동기 시대'이다.

② 주어를 찾으면 핵심어를 찾을 수 있다.

③ 청동기 시대에 대하여 설명하는 문장이다.

④ '무엇이 어떠하다'의 짜임으로 된 문장이다.

⑤ 청동기 시대에 주로 사용한 도구의 재료가 무엇인지 알 수 있다.

문해력 tip 청동기 시대

주로 사용한 도구의 재료에 따라 석기 시대(구석기 시대, 신석기 시대), 청동기 시대, 철기 시대로 나눌 수 있습니다.

⬤ 핵심어를 생각하며 글 읽기

3 이 글의 ㉡ 부분을 핵심어를 생각하며 읽은 사람은 누구인지 이름을 쓰시오.

> 지아: 핵심어는 받침돌이야. 받침돌을 옮긴 방법이 무엇일지 생각하며 글을 읽어야 해.
>
> 종호: 핵심어는 추측이야. 글을 읽으며 드러나지 않은 점을 추측하는 방법을 생각하며 읽어야 해.
>
> 승환: 핵심어는 고인돌의 주인이야. 고인돌의 주인이 권력을 가진 사람임을 알 수 있는 까닭이 무엇인지 생각하며 읽어야 해.

( )

무엇에 대하여 설명하는 부분인지, 무엇이 중요한 내용인지 살펴보아요.

◉ 핵심 정보 파악

4 다음 중 고인돌에 대한 설명으로 바르지 <u>않은</u> 것은 어느 것입니까? ·············· (   )

① 우리나라에서는 고인돌을 찾아보기 힘들다.

② 고인돌은 '돌 아래에 받쳐진 돌'이라는 뜻이다.

③ 고인돌의 받침돌 위에 올라가는 돌은 덮개돌이다.

④ 우리나라 최대의 고인돌 유적지는 전라북도 고창이다.

⑤ 우리나라에는 전 세계 고인돌의 약 60% 이상이 모여 있다.

5 다음은 강화도의 한 고인돌입니다. 각 돌의 명칭을 써넣으시오.

(2) ☐

(1) ☐

◉ 낱말의 뜻 알기

6 빈칸에 알맞은 말을 [보기]에서 골라 쓰시오.

┌─ 보기 ─────────────────────────────────────┐
│   상징   발전   유적   재산   권력   │
└──┘

(1) 그는 회사에서 막강한 ☐☐ 을 가지고 있다.

(2) 태극기, 무궁화, 애국가는 모두 우리나라를 나타내는 ☐☐ 이다.

(3) 유물은 과거 사람들이 남긴 물건을, ☐☐ 은 남아 있는 자취를 말한다.

고인돌에 대해 알아볼까요?

>> 고인돌에 대해 설명한 글을 읽었습니다. 빈칸에 들어갈 말을 [보기]에서 찾아 써넣으며 글 내용을 정리해 봅시다.

┌─ 보기 ─────────────────────────────────────┐
│ 청동기   신석기   구석기   숨겨진 │
│ 이상   농사   지배자   받쳐진 │
│ 이하   유산   발전   고인돌 │
└──┘

4
일

2
주

우리나라에
있는 고인돌

전 세계 고인돌의
약 60% ❶[＿＿＿]

고인돌

주요 내용

고인돌이 만들어진 시기:
❷[＿＿＿] 시대

뜻: 돌 아래에 ❸[＿＿＿] 돌

❹[＿＿＿]의 강한 권력을
나타내는 무덤이었을 것이다.

고인돌의
의미

선사 시대 사람들의 삶과 문화를
이해할 수 있는 귀중한 ❺[＿＿＿]

유물과 유적은 어떻게 다를까요? 다음 그림과 설명을 보고 유물과 유적에 대하여 알아봅시다.

유물은 조상들이 남긴 물건을 말해요. 옛날 사람들이 쓰던 도자기, 무기, 장신구, 옷, 서적 등이 바로 유물이에요.

유적은 건축물, 싸움터, 역사적인 사건이 벌어졌던 곳이나 고분 등 형태가 크고 옮기기 어려운 것을 말해요.

　　유물과 유적의 차이에 대하여 알게 되었나요? 유물과 유적 중에서도 가치가 뛰어난 것으로 판단되어 보호의 대상으로 정한 것은 문화재라고 하지요. 우리 조상들이 남겨 놓은 유물과 유적을 통해 우리는 과거의 역사에 대해서 알아볼 수 있어요. 우리 조상들의 숨결이 남아 있는 유물과 유적을 아끼고 보호하도록 해요.

1 다음을 유물과 유적으로 나누어 기호를 쓰시오.

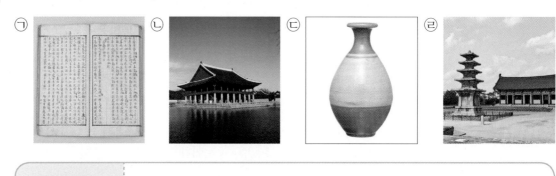

(1) 유물	
(2) 유적	

과학 ──◦ 천동설과 지동설

QR을 찍어 동영상을 보고
지구에 대해 알아봅시다.

지구가 둥글다는 증거를 맞혀라!

지구 장학 퀴즈

| 지구 | # 지구_모습 | # 지구는_둥글다 |

5일 2주

▶ **동영상을 보고 알맞은 것에 ✓ 하세요.**

▶ 정답 11쪽

1 항구로 들어오는 배는 어떤 모습으로 보이나요?

㉠ 돛대부터 보인다. ☐
㉡ 배 전체가 다 보인다. ☐

2 같은 위치에서 높은 곳으로 올라가면 어떻게 보이나요?

㉠ 낮은 곳과 똑같이 보인다. ☐
㉡ 낮은 곳보다 더 멀리 보인다. ☐

3 지구에서 배가 한 방향으로만 간다면 어떻게 되나요?

㉠ 다시는 배를 볼 수 없다. ☐
㉡ 배가 출발했던 위치로 다시 돌아온다. ☐

4 **1~3**번의 답과 같은 현상이 벌어지는 까닭은 무엇인가요?

㉠ 지구가 둥글기 때문이다. ☐
㉡ 지구가 태양 주위를 돌기 때문이다. ☐

과학 ── 천동설과 지동설

키워드 🔍		쉬움	보통	어려움
• 천동설 • 지동설	제재			
	어휘			
	문장			

"그래도 지구는 돈다."

왜 당연한 이야기를 하냐고요? 지구의 **자전**과 **공전**을 배운 우리에게는 당연한 이야기이지만, 지구가 돈다는 이론이 인정되지 않던 시절에 지구가 돈다는 주장을 했다가 재판을 받게 된 갈릴레오 갈릴레이가 했다고 전해지는 말이에요.

지구는 자전과 공전을 하고 있지만, 우리는 그것을 느낄 수 없지요. 그래서 옛날 사람들은 지구가 회전을 하는 것이 아니라 하늘이 회전을 한다고 생각했어요. 지구가 우주의 중심이고, 지구를 중심으로 태양과 별들이 돈다고 생각한 거예요. 이것을 '천동설'이라고 해요. 옛날 사람들은 하늘을 둥근 모양의 천장으로 생각했기 때문에 별과 태양 등의 천체가 하루에 한 바퀴씩 동쪽에서 서쪽으로 돌면서 이동한다고 생각했던 거예요. 사람이 직접 우주 밖으로 나가서 관측을 할 수 없던 옛날에는 이 천동설이 사실처럼 여겨졌어요.

그런데 천동설을 중심으로 별들의 움직임을 바라볼 때 몇 가지 문제점이 발생했어요. 천동설이 맞다면 별의 모양과 위치는 항상 일정해야 하는데 별의 모양과 위치가 조금씩 바뀌는 거예요. 16세기에 코페르니쿠스가 지구도 움직일 수 있다고 생각하고 별의 움직임을 관찰한 결과 이것이 별의 움직임을 더 잘 설명한다는 것을 알게 되었어요. 그래서 코페르니쿠스는 지구 중심설이 아닌 태양 중심설, 즉 지구를 포함한 별들이 태양을 중심으로 회전한다는 '지동설'을 주장하게 되었어요. 지동설은 갈릴레오 갈릴레이의 망원경을 이용한 정확한 관측을 통해 **입증**되었고, 이후 여러 학자들의 자료를 바탕으로 지동설이 옳다는 것이 **증명**되었어요.

지동설은 발표되고 440년이 지난 뒤에야 공식적으로 인정받을 수 있었어요. "그래도 지구는 돈다."라는 말이 갈릴레오 갈릴레이가 한 말인지 이후 다른 사람이 지어낸 말인지는 알 수 없지만 천동설이 인정받던 시대에 지동설을 주장하던 그의 **심정**을 잘 표현한 것이라 할 수 있어요.

📖 어휘 풀이

○ 자전: 어떤 것이 스스로 도는 것.
○ 공전: 별, 행성, 인공위성 등의 한 천체가 다른 천체 주위를 정해진 길을 따라 도는 것.
• 입증: 어떤 증거 따위를 내세워 밝힘.
• 증명: 어떤 사항이나 판단 따위에 대하여 그것이 진실인지 아닌지 증거를 들어서 밝힘.
• 심정: 마음속에 품고 있는 생각이나 감정.

○ 지구의 자전과 공전

내가 혼자 도는 것은 자전!

내가 태양 주위를 도는 것은 공전!

1 이 글을 읽으며 핵심어를 찾은 것으로 가장 알맞은 것에 ○표 하시오.

(1) 자전, 동쪽, 하늘 ──────────────────── (   )

(2) 지구, 우주, 망원경 ──────────────── (   )

(3) 천동설, 지동설, 갈릴레오 갈릴레이 ──────── (   )

중심 글감이 무엇인지 생각해 보면 핵심어를 찾을 수 있어요.

5
일

2
주

○ 문장에서 핵심어 찾기

2 다음 문장에서 핵심어를 알맞게 찾은 것은 어느 것입니까? ( )

> 지구가 우주의 중심이고, 지구를 중심으로 태양과 별들이 돈다고 생각한 것을 '천동설'이라고 해요.

① 천동설의 뜻   ② 우주의 구성

③ 지구의 크기   ④ 지구와 태양 사이의 거리

⑤ 지구에서 볼 수 있는 별의 종류

○ 핵심어를 생각하며 글 읽기

3 다음 중 핵심어를 생각하며 글을 읽고 간추린 것으로 알맞은 것에 ○ 표 하시오.

(1) 지구가 스스로 하루에 한 바퀴 도는 것은 자전이고, 지구가 태양 주위를 일정한 주기로 도는 것은 공전이다. 갈릴레오 갈릴레이는 별들의 움직임을 관찰하여 이 사실을 밝혀내었다. ············· (   )

(2) 옛날 사람들은 지구를 중심으로 태양과 별들이 돈다고 생각한 천동설을 믿었지만 여러 과학자들은 태양을 중심으로 지구를 포함한 별들이 돈다고 생각한 지동설이 옳다는 것을 밝혀내었다.
──────────────────────────── (   )

문해력 tip 글의 내용을 간추리는 방법

① 문단에서 중심 문장을 찾습니다.
② 중심 문장을 이어 주는 말을 찾습니다.
③ 중심 문장을 연결해 전체 글의 내용을 간추립니다.

○ 핵심 정보 파악하기

4 다음을 관련 있는 것끼리 알맞게 이으시오.

(1) 천동설 ·

(2) 지동설 ·

·① 지구가 우주의 중심이다.

·② 태양이 우주의 중심이다.

·③ 별의 모양과 위치가 항상 일정해야 한다.

·④ 별의 모양과 위치가 조금씩 바뀐다.

5 이 글을 읽고 알맞게 말한 사람의 이름을 쓰시오.

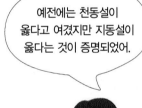

예전에는 천동설이 옳다고 여겨졌지만 지동설이 옳다는 것이 증명되었어.

호민

예전에는 지동설이 옳다고 여겨졌지만 천동설이 옳다는 것이 증명되었어.

진서

일 년을 주기로 천동설과 지동설이 번갈아 가면서 적용되는 것을 알 수 있어.

지우

( )

○ 생략된 내용 추측하기

6 이 글의 내용으로 보아, 갈릴레오 갈릴레이가 했다고 전해지는 다음 말에는 어떤 내용이 생략되었을지 알맞은 낱말을 쓰시오.

☐☐을 중심으로

"그래도 지구는 돈다."

천동설과 지동설에 대해 알아볼까요?

» 천동설과 지동설에 대해 설명하는 글을 읽어 보았습니다. 빈칸에 들어갈 말을 [보기]에서 찾아 써넣으며 글 내용을 정리해 봅시다.

┌ 보기 ┐

태양	지구	달	별
에디슨	코페르니쿠스	소크라테스	갈릴레오 갈릴레이
우주	천체	동쪽	서쪽

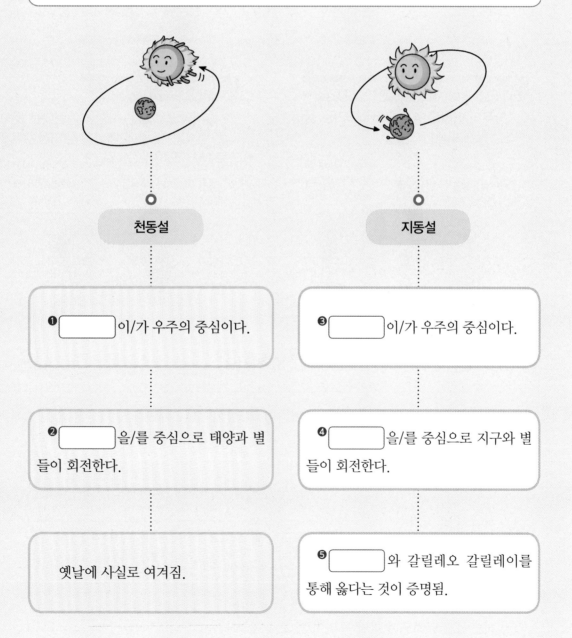

천동설

❶ [   ]이/가 우주의 중심이다.

❷ [   ]을/를 중심으로 태양과 별들이 회전한다.

옛날에 사실로 여겨짐.

지동설

❸ [   ]이/가 우주의 중심이다.

❹ [   ]을/를 중심으로 지구와 별들이 회전한다.

❺ [   ]와 갈릴레오 갈릴레이를 통해 옳다는 것이 증명됨.

●● 하늘과 관련된 속담을 살펴보고 어떤 경우에 사용할 수 있을지 생각해 봅시다.

하늘은 스스로 돕는 자를 돕는다

하늘은 스스로 노력하는 사람을 성공하게 만든다는 뜻으로, 어떤 일을 이루기 위해서는 자신의 노력이 중요함을 이르는 말.

하늘의 별 따기

무엇을 얻거나 성취하기가 매우 어려운 경우를 비유적으로 이르는 말.

하늘이 무너져도 솟아날 구멍이 있다

아무리 어려운 경우에 처하더라도 살아나갈 방도가 생긴다는 말.

손바닥으로 하늘 가리기

손바닥으로 넓은 하늘을 가린다는 뜻으로, 불리한 상황에 대하여 임기응변식으로 대처함을 이르는 말.

1 빈칸에 들어갈 속담으로 알맞은 것에 ○표 하시오.

> 지소: 요즘 이 공룡 카드가 엄청 인기인 거 알지? 트리케라톱스 카드를 뽑고 싶은데 잘 안 나오더라.
> 민우: 맞아. 트리케라톱스 카드 뽑기가 (　　　　　)야.

(1) 하늘의 별 따기 ··· (　　　)

(2) 손바닥으로 하늘 가리기 ·· (　　　)

(3) 하늘은 스스로 돕는 자를 돕는다 ······························ (　　　)

(4) 하늘이 무너져도 솟아날 구멍이 있다 ························ (　　　)

3주

접속어에 주의하며 읽기

문해력이 뛰어난 사람은 어떻게 읽을까?

문해력이 뛰어난 사람은 추론적으로 읽어요. 우리말의 문법적 특성을 이해하고 앞뒤 관계의 의미를 짐작하며 읽기 때문에 직접 제시하지 않은 내용까지도 유추해 가며 읽는, 폭 넓고 수준 높은 독서를 해요. 문장의 관계를 나타내고 이어질 문장을 짐작하는 데 도움을 주는 접속어에 대해 공부해 보아요.

3주에 공부할 내용

접속어에 주의하며 읽기

접속어를 보면 이어지는 내용을 짐작할 수 있다고?

이런 친구들을 위한 **문해력** 솔루션!

- 그저 문장의 낱말만 읽는다.
- 읽었던 문장과 지금 읽은 문장이 연결되지 않는다.
- 글에 흐름이 있다는 것을 알지 못한다.

● 접속어란 무엇일까?

가와 **나**에 있는 두 문장을 비교해 볼까요?

가	**나**
동생이 공을 던졌다. 유리창이 깨졌다.	동생이 공을 던졌다. 그래서 유리창이 깨졌다.

가는 동생이 공을 던진 것과 유리창이 깨진 것 사이에 어떤 관계가 있는지 분명하지 않아요. 하지만 **나**는 두 가지 사건의 순서가 분명해요. 동생이 공을 던진 일이 먼저이고 유리창이 깨진 것은 나중에 일어난 일이에요. 그리고 동생이 던진 공 때문에 유리창이 깨졌다는 것도 알 수 있어요. 무엇 때문에 **가**와 **나**가 달라진 걸까요?

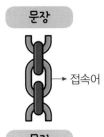

문장

→ 접속어

문장

나에 있는 '그래서' 때문이지요.

'그래서'는 앞에서 어떤 원인이 되는 일이 있을 때 그 결과가 되는 내용을 이어 주는 말이에요.
이처럼 **문장과 문장 사이에서 그 의미가 보다 분명하고 명확하게 연결해 주는 말을 이어 주는 말**, 혹은 **접속어**라고 해요.

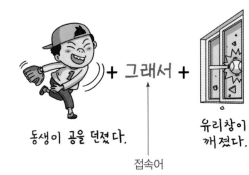

동생이 공을 던졌다. + 그래서 + 유리창이 깨졌다.

접속어

여러 가지 접속어

접속어 또 또한 그리고	앞뒤 내용이 비슷하여 두 문장을 나란히 연결할 때 쓰임.

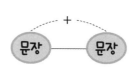

> ㉠ 우리 집에는 감나무가 있습니다. **또** 사과나무도 있습니다.
> ㉡ 누나는 고양이를 좋아합니다. **또한** 강아지도 좋아합니다.
> ㉢ 형은 축구를 잘합니다. **그리고** 야구도 잘합니다.

㉠~㉢에 쓰인 접속어는 서로 비슷한 앞뒤 내용을 연결해 주고 있어요.
접속어 '또, 또한, 그리고'가 쓰인 문장은 앞 내용과 비슷한 내용을 설명할
것이라고 예상할 수 있어요.

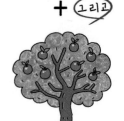

감나무가 있다

＋ 그리고

사과나무도 있다.

접속어 그러나 하지만 그렇지만	앞의 내용과 반대되는 내용을 연결해 줄 때 쓰임.

> ㉠ 우리 집에는 감나무가 있습니다. **그러나** 사과나무는 없습니다.
> ㉡ 누나는 고양이를 좋아합니다. **하지만** 강아지는 싫어합니다.
> ㉢ 형은 축구를 잘합니다. **그렇지만** 야구는 못합니다.

㉠~㉢에 쓰인 접속어는 서로 반대되는 앞뒤 내용을 연결해 주고 있어요.
접속어 '그러나, 하지만, 그렇지만'이 쓰인 문장은 앞의 내용과 반대되는
내용을 설명할 것이라고 예상할 수 있어요.

감나무가 있다

↕ 그러나

사과나무는 없다.

확인 문제 1 접속어에 주의하며 읽기   ▶ 정답 12쪽

◇ **다음 두 문장의 앞뒤 관계를 생각해 보고 빈칸에 알맞은 접속어를 써넣으시오.**

(1) 울릉도는 우리나라 섬이다.
　(　　　　　) 독도도 우리나라 섬이다.
(2) 창밖에는 찬바람이 불었다.
　(　　　　　) 방 안은 난로가 있어 따뜻했다.

(3) 일기예보에서 비가 온다고 했다.
　(　　　　　) 바람도 세차게 분다고 했다.
(4) 나는 자장면을 좋아하지 않는다.
　(　　　　　) 탕수육은 아주 좋아한다.

접속어

그래서
그러므로
따라서

앞의 내용이 원인이 되고, 뒤에 오는 내용이 그 결과가 될 때 쓰임.

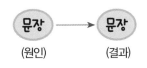

문장 → 문장
(원인)　(결과)

여름이 되었다 (원인)

그래서

소나기가 자주 내린다 (결과)

㉠ 여름이 되었습니다. **그래서** 소나기가 자주 내립니다.
㉡ 그는 장님입니다. **그러므로** 도둑을 볼 수 없었습니다.

㉠~㉡에 쓰인 두 문장은 서로 원인과 결과 관계를 나타내고 있어요. 접속어 '그래서, 그러므로, 따라서'가 쓰인 문장은 앞서 일어난 일의 결과를 설명할 거라고 예상할 수 있어요.

접속어

왜냐하면

앞의 내용이 결과이고, 뒤에 오는 내용이 그 원인이 될 때 쓰임.

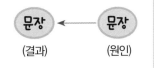

문장 ← 문장
(결과)　(원인)

㉠ 소나기가 자주 내립니다. **왜냐하면** 여름이 되었기 때문입니다.
㉡ 그는 도둑을 볼 수 없었습니다. **왜냐하면** 그는 장님이기 때문입니다.

'왜냐하면'은 결과에 대한 까닭이나 원인을 이어 주는 접속어예요. '왜냐하면'으로 시작하는 문장은 '~때문이다'와 같은 서술어가 올 것이라고 예상할 수 있어요.
이렇게 접속어는 두 문장의 관계를 드러내 주니까 **접속어가 쓰인 문장은 뒤에 어떤 내용이 올지 짐작하며** 읽어야 해요.

소나기가 자주 내린다 (결과)

왜냐하면

여름이기 때문이다 (원인)

문해력 솔루션! | 접속어에 주의하며 읽기

▶ 접속어를 보고 두 문장의 관계를 생각하며 읽자.
▶ 접속어를 보고 이어지는 문장의 내용을 짐작하며 읽자.

1 다음 두 문장을 이어 줄 가장 알맞은 접속어를 [보기]에서 찾아 쓰시오.

┌─ 보기 ─────────────────────────────┐
│   그리고   그러나   그래서   │
└────────────────────────────────────┘

(1) 먼 옛날에는 그림을 그릴 종이가 없었습니다.

　(　　　　　　) 옛날 사람들은 동굴 벽에 그림을 새겼습니다.

(2) 3월 초가 되자 시냇가의 얼음이 녹기 시작했습니다.

　(　　　　　　) 3월 중순에는 봄비가 내렸습니다.

(3) 밭에서 배추를 키우는 사람은 농부입니다.

　(　　　　　　) 배추를 도시에 파는 사람은 농부가 아닙니다.

(4) 지진이 일어나면 책상 아래로 들어가 몸을 웅크립니다.

　(　　　　　　) 흔들림이 멈출 때까지 기다려야 합니다.

앞 문장과 뒤에 오는 문장의 관계에 따라 접속어가 달라져요.

앞 문장
+ 그리고
앞 문장과 비슷한 내용

앞 문장
+ 그러나
앞 문장과 반대되는 내용

2 파란색의 접속어로 보아 뒤에 오는 문장은 어떤 내용이 이어질지 알맞은 것에 ○표 하시오.

┌──────────────────────────────────────┐
│ (1) 종교 재판에서 갈릴레이는 결국 태양이 지구를 돈다고 말했 │
│ 　　다. 그러나 _____ │
└──────────────────────────────────────┘

㉠ 지구가 태양을 돈다는 것은 엄연한 사실이라는 내용 (　　　　)

㉡ 태양이 지구를 돈다는 것은 엄연한 사실이라는 내용 (　　　　)

┌──────────────────────────────────────┐
│ (2) 붓으로 글씨를 쓰기 위해서는 종이와 먹이 있어야 합니다. │
│ 　　그리고 _____ │
└──────────────────────────────────────┘

㉠ 붓으로 글씨를 쓰기는 어렵다는 내용 (　　　　)

㉡ 붓으로 글씨를 쓰려면 벼루도 필요하다는 내용 (　　　　)

┌──────────────────────────────────────┐
│ (3) 상품을 생산하는 곳과 상품을 판매하는 곳의 거리가 멀수록 │
│ 　　상품의 가격은 올라갑니다. 왜냐하면 _____ │
└──────────────────────────────────────┘

㉠ 상품의 가격이 왜 올라가는지에 대한 까닭 (　　　　)

㉡ 상품을 왜 먼 곳에서 판매하는지에 대한 까닭 (　　　　)

● **엄연한** 어떠한 사실이나 현상을 부정할 수 없을 만큼 뚜렷한.
⑳ 심청이 효녀라는 것은 엄연한 사실이다.

유통 과정과 직거래

배경지식의힘

QR을 찍어 동영상을 보고
지역 교류에 대해 알아봅시다.

2
일

3
주

이 맛난 밥은 어디서 생산되어
내 식탁까지 왔을까?

교류 | #농촌 #산지촌 #어촌 #도시

▶ 동영상을 보고 알맞은 것에 ✔ 하세요.

▶ 정답 13쪽

1 쌀과 보리 등의 곡식과 채소는 주로 어디에서 얻을 수 있나요?

㉠ 농촌 ☐
㉡ 어촌 ☐

2 버섯, 우유, 약초 등은 주로 어디에서 얻을 수 있나요?

㉠ 어촌 ☐
㉡ 산지촌 ☐

3 생선, 미역, 조개 등의 해산물은 주로 어디에서 얻을 수 있나요?

㉠ 산지촌 ☐
㉡ 어촌 ☐

4 텔레비전, 컴퓨터 등의 전자 제품은 어디에서 많이 생산되나요?

㉠ 산지촌 ☐
㉡ 어촌 ☐
㉢ 도시 ☐

유통 과정과 직거래

키워드 Q	쉬움	보통	어려움
·유통	제재		
·도매, 소매	어휘		
	문장		

(가) 상추의 물기를 탁탁 털어 잘 익은 고기를 올립니다. 입맛에 따라 쌈장과 각종 채소를 넣어 싸 먹으면 참 맛있겠지요? 이렇게 맛있게 먹는 상추를 비롯한 각종 채소는 어떤 과정을 통해 사람들의 식탁에 오르게 되는 걸까요?

(나) 밭에서 **수확한** 상추는 알맞은 유통 과정을 거쳐 **소비자**에게로 전달됩니다. 밭농사를 주로 하는 박흥부 씨는 그간 힘들게 길러 낸 고추와 상추를 **도매상**에게 팔 날짜를 잡았습니다. 먹음직스럽게 포장해서 상자에 넣어 차곡차곡 쌓습니다. 도매상은 1톤 트럭 2대 분량의 상추와 고추를 모두 구입해서 자신의 창고로 가져갑니다.

(다) 한편, 총각네 채소 가게를 운영하는 홍길동 씨는 도매상에서 신선한 채소를 둘러보고 필요한 품목을 필요한 양 만큼 구입합니다. 이렇게 박흥부 씨가 정성껏 기른 상추와 고추는 도매상을 거친 다음 **소매상**인 홍길동 씨네 가게에 진열되었습니다. 이 과정은 중간 상인이 더 있을 경우 조금 더 길어질 수도 있습니다.

(라) ㉠하지만 고도의 정보화가 이루어진 현대에는 박흥부 씨가 직접 온라인으로 농산물 판매를 할 수도 있습니다. 소비자들은 간편하게 스마트폰으로 박흥부 씨네 온라인 상점에 접속하여 신선한 상추와 고추를 주문합니다. 도매상과 소매상을 거치지 않는 만큼 소비자가 느끼는 가격은 저렴할 것입니다. 또한 박흥부 씨도 도매상에게 파는 가격보다 더 좋은 가격으로 농산물을 팔 수 있게 됩니다. 이러한 거래 방식을 '직거래'라고 합니다.

(마) 직거래 방식으로 상품이 유통되면 **생산자**는 더 좋은 가격에 물건을 팔 수 있어서 좋고, 소비자는 더 신선한 농산물을 더 싼 가격에 구입할 수 있어서 좋습니다. ㉡또, 유통 과정 간소화에 따른 사회적인 비용 **절감** 효과도 무시하지 못할 것입니다. 게다가 ㉢생산자는 소비자가 원하는 더 다양한 작물을 필요한 만큼만 생산할 수 있습니다. 그래서 더 효과적인 농업을 할 수 있습니다.

📖 어휘 풀이

- **수확한**: 익거나 다 자란 농수산물을 거두어들인.
- **소비자**: 물건이나 상품을 사용하는 사람.
- 도매상: 물건을 여럿 단위로 팔거나 사는 상인.
- **소매상**: 물건을 낱개로 파는 상인.
- **생산자**: 물건이나 상품을 만들어 내는 사람.
- **절감**: 아끼어 줄이는 것.
  예 내복을 입으면 겨울철 난방비 절감에 도움이 된다.

○ 사고파는 것과 관련된 어휘

도읍 **도**　　팔 **매**

▶ 물건을 여러 개 단위로 파는 것.
예 라면을 도매 가격으로 샀다.

2 일

3 주

○ 접속어의 쓰임을 파악하며 읽기

1 접속어 ㉠에 대한 설명으로 알맞은 것은 무엇입니까?·········· (   )

① '그런데'로 바꾸어 써도 뜻이 바뀌지 않는다.

② 앞의 내용과 반대되는 내용을 이어 줄 때 쓴다.

③ 앞뒤 내용이 비슷하여 두 문장을 나란히 연결할 때 쓴다.

④ 앞의 내용이 원인이 되고, 뒤의 내용이 결과가 될 때 쓴다.

⑤ 앞의 내용이 결과이고, 뒤에 오는 내용이 원인이 될 때 쓴다.

2 ㉠과 비슷한 역할을 하는 접속어를 하나만 쓰시오.

(   )

○ 비슷한 접속어 찾기

3 접속어 ㉡과 바꾸어 쓸 수 있는 것은 무엇입니까?················ (   )

① 그래서   ② 그런데   ③ 그러나

④ 그리고   ⑤ 하지만

○ 접속어의 쓰임에 맞게 문장 고쳐 쓰기

4 ㉢을 뜻이 바뀌지 않도록 알맞게 바꾸어 쓴 것의 기호를 쓰시오.

㉮ 생산자는 소비자가 원하는 더 다양한 작물을 필요한 만큼만 생산할 수 있습니다. 그런데 더 효과적인 농업을 할 수 있습니다.

㉯ 생산자는 소비자가 원하는 더 다양한 작물을 필요한 만큼만 생산할 수 있습니다. 그러나 더 효과적인 농업을 할 수 있습니다.

㉰ 생산자는 소비자가 원하는 더 다양한 작물을 필요한 만큼만 생산할 수 있습니다. 하지만 더 효과적인 농업을 할 수 있습니다.

㉱ 생산자는 더 효과적인 농업을 할 수 있습니다. 왜냐하면 소비자가 원하는 더 다양한 작물을 필요한 만큼만 생산할 수 있기 때문입니다.

(   )

○ 글의 내용 파악하기

5 알맞은 것끼리 선으로 이으시오.

(1) 박흥부 •

(2) 홍길동 •

• ① 생산자

• ② 소비자

• ③ 도매상

• ④ 소매상

○ 중요한 내용 정리하기

6 글 ㈎~㈐에서 설명한 유통 과정을 알맞게 나타낸 것은 무엇입니까?
( )

① 소매상 → 도매상 → 소비자 → 생산자
② 도매상 → 소매상 → 생산자 → 소비자
③ 생산자 → 도매상 → 소비자 → 소매상
④ 생산자 → 소매상 → 도매상 → 소비자
⑤ 생산자 → 도매상 → 소매상 → 소비자

우리가 먹는 농산물은 생산자가 수확하지 않으면 먹을 수 없답니다.

○ 핵심 정보 파악하기

7 다음과 같은 유통 방식을 무엇이라고 하는지 세 글자로 쓰시오.

중간 유통을 거치지 않고 생산자와 소비자가 직접 거래를 하는 방식

( )

○ 글의 내용 파악하기

8 문제 **7**에서 답한 유통 방식의 장점이 <u>아닌</u> 것은 무엇입니까?━━━━━━ ( )

① 소비자는 더 싼 사격에 살 수 있다.
② 불필요한 유통 과정을 줄일 수 있다.
③ 생산자는 더 좋은 가격에 팔 수 있다.
④ 생산자는 더욱 효과적인 생산을 할 수 있다.
⑤ 도매상과 소매상이 더 큰 이익을 볼 수 있다.

 독해의힘 내용 구조화

▶ 정답 13쪽

상품의 유통 과정에 대해 알아볼까요?

≫ 유통 과정과 직거래에 대해 설명한 글을 읽었습니다. 빈칸에 들어갈 말을 [보기]에서 찾아 써넣으며 글 내용을 정리해 봅시다.

보기

| 대량 | 도매 | 창고 | 배송 |
| 수확 | 소량 | 소매 | 소비 |

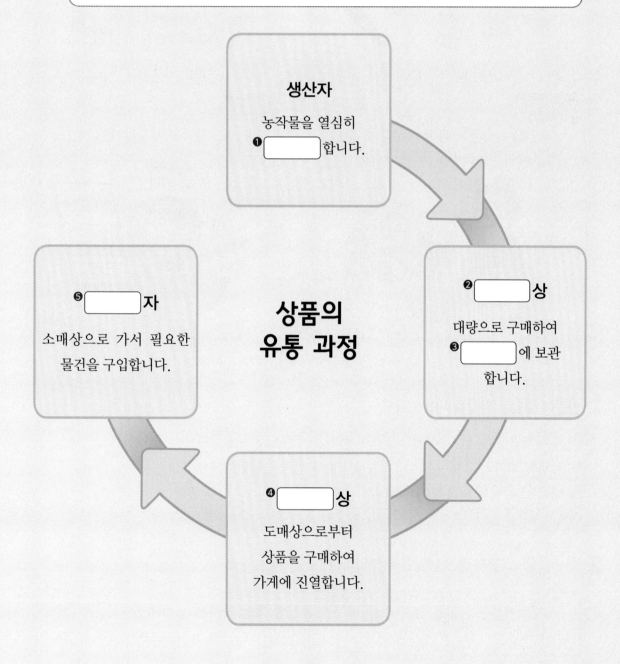

생산자

농작물을 열심히 ❶[   ]합니다.

❷[   ]상

대량으로 구매하여 ❸[   ]에 보관 합니다.

상품의 유통 과정

❹[   ]상

도매상으로부터 상품을 구매하여 가게에 진열합니다.

❺[   ]자

소매상으로 가서 필요한 물건을 구입합니다.

사고파는 것과 관련된 어휘를 살펴보고 상황에 알맞게 사용해 봅시다.

도매

물건을 큰 규모로 사고파는 것.

소매

물건을 작은 규모로 파는 것.

경매

물건을 사려는 사람이 여럿일 때 값을 가장 높이 부르는 사람에게 파는 일.

예매

정하여진 때가 되기 전에 미리 삼.

1 빈칸에 알맞은 낱말을 써넣으시오.

(1) 우리 집은 (   )점에서 필요한 물건을 대량으로 구입한다.

(2) 유명한 화가의 그림이 (   )에서 비싼 가격에 팔렸다고 한다.

(3) 내가 보고 싶던 영화가 재개봉해서 친구와 함께 (   )를 했다.

2 ㉠~㉢ 중, 알맞지 않은 낱말은 무엇입니까? ·· (   )

> 도매점에서는 ㉠많은 양을 사야 하지만 물건의 개당 가격은 ㉡소매점에서 사는 것보다 ㉢비싸다.

과학 ── 재난 시 행동 요령

배경지식의 힘

QR을 찍어 동영상을 보고
산사태에 대해 알아봅시다.

여기는
산사태가 일어난
현장입니다.

3 일

3 주

산사태 | # 폭우 | # 집과_도로 | # 피해 | # 지구_온난화

▶ 동영상을 보고 알맞은 것에 ✔ 하세요.

▶ 정답 14쪽

1 산사태가 일어났을 때 피해를 입을 수 있는 곳은 어디인가요?

㉠ 땅 ☐
㉡ 하늘 ☐

2 산사태를 일어나게 만드는 원인이 <u>아닌</u> 것은 무엇인가요?

㉠ 나무가 적은 산 ☐
㉡ 폭우가 내리는 날씨 ☐
㉢ 무척 덥고 건조한 날씨 ☐

3 산사태가 일어날 수 있는 지역이 <u>아닌</u> 곳은 어디인가요?

㉠ 나무가 기울어진 곳 ☐
㉡ 나무가 많이 심어져 있는 곳 ☐

4 산사태를 예방하기 위한 방법으로 알맞은 것은 무엇인가요?

㉠ 산에 있는 나무를 베거나 뽑는다. ☐
㉡ 원자력 발전을 막기 위해 노력한다. ☐
㉢ 무너질 위험이 있는 곳을 고정시킨다. ☐

과학 ○─ 재난 시 행동 요령

키워드 Q		쉬움	보통	어려움
· 재난 · 대피	제재			
	어휘			
	문장			

여러분의 오늘 하루는 어땠나요? 아마 즐거운 학교 생활을 하고 집에 돌아와서는 가족과 행복한 시간을 보냈을 것입니다. ㉠하지만 이렇게 평범하고 행복한 일상은 여러 가지 **재난**으로 인해 순식간에 **위태로워질** 수 있습니다. 각종 재난 발생 시 행동 요령에 대해 알아봅시다.

태풍으로 인한 재난 시 행동 요령에 대해 알아봅시다. 태풍이 지나갈 때에는 엄청나게 강한 바람이 불고, 많은 양의 비가 내립니다. [㉡] 태풍 예보에 따라 바람에 날려 망가지거나 다른 사람을 다치게 할 수 있는 물건들을 튼튼하게 고정시켜야 합니다.

[㉢] 많은 양의 비가 내리는 것에 대비하기 위해 배수로를 살피고 정비해야 합니다. 태풍이 불 때에는 외출을 삼가고 **기상 특보**를 잘 살피며 뜻밖의 사태에 **대처**할 수 있도록 준비하는 것이 좋습니다.

다음으로 지진 발생 시 행동 요령에 대해 알아봅시다. 지진이 일어났을 때 실내에 있다면, 떨어지는 물건에 다치지 않도록 튼튼한 탁자나 책상 아래로 들어가서 흔들림이 멎을 때까지 기다립니다. 건물 밖으로 **대피**할 때에는 엘리베이터를 이용하지 말고 계단을 이용합니다. 지진이 일어났을 때 실외에 있다면 떨어지는 물건에 대비하여 가방이나 손으로 머리를 보호하며 운동장이나 공터 등 넓은 장소를 찾아 빠르게 이동합니다.

마지막으로 화재 발생 시 행동 요령에 대해 알아봅시다. 화재가 났을 때에는 먼저 "불이야! 불이야!" 하고 크게 외칩니다. 그리고 즉시 대피하여 119에 신고해야 합니다. 연기가 자욱하다면 젖은 수건 등으로 코와 입가를 가리고 자세를 낮춰 건물 바깥으로 나가야 합니다. ㉣이때, 엘리베이터는 위험하기 때문에 계단으로 대피해야 합니다.

지금까지 태풍, 지진, 화재 발생 시 행동 요령에 대해 알아보았습니다. 재난 상황 시에는 당황하지 않고 안전을 우선하는 마음으로 조심스럽게 행동하면 나 자신뿐 아니라 소중한 가족도 지킬 수 있다는 점을 명심해야겠습니다.

📖 어휘 풀이

· **재난**: 뜻밖에 일어난 재앙과 고난.
· 위태로워질: 마음을 놓을 수 없을 만큼 위험해질.
· **기상 특보**: 날씨에 갑작스러운 변화나 이상이 있을 때 특별히 하는 보도.
· **대처**: 어떤 정세나 사건에 대하여 알맞은 조치를 취함.
· **대피**: 위험이나 피해를 입지 않도록 일시적으로 피함.

○ 위태로운 상황을 나타내는 말

· 풍전등화
바람 앞의 등불처럼 위태로운 상황

風 前 燈 火
바람 풍 앞 전 등불 등 불 화

1 ㉠과 똑같은 역할을 하는 접속어는 무엇입니까? ────────── ( )

① 그리고   ② 그래서   ③ 그런데

④ 그러나   ⑤ 왜냐하면

● 접속어에 주의하며 읽기

2 ㉡ 에 들어갈 접속어에 대해 알맞게 설명한 친구는 누구입니까? ────────── ( )

① 성훈: 새로운 내용으로 바뀌는 부분이니 '그런데'를 넣는 것이 알맞습니다.

② 세연: 앞의 내용과 비슷한 내용이 또 나오는 상황이므로, '또'를 넣는 것이 알맞습니다.

③ 희원: 태풍의 무서운 점을 알 수 있는 문장이니까 '그리고'를 넣어야 잘 이어질 것 같습니다.

④ 상우: 앞의 내용과 반대되는 내용이 나오는 문장이니까 '그러나'를 넣는 것이 알맞습니다.

⑤ 서림: 태풍의 강한 바람에 대비해야 한다는 문장이 이어지므로 '그래서'를 넣는 것이 자연스럽습니다.

> **문해력 tip** 접속어 사용하기
>
> 접속어가 들어가 있지 않아도 글의 흐름에는 큰 문제가 없습니다. 알맞은 접속어를 넣는다면 문장의 뜻이 더 분명해지고 글을 이해하기 쉬워집니다.

3
일

3
주

● 접속어 활용하기

3 ㉢ 에 들어갈 접속어로 알맞은 것은 무엇입니까? ──── ( )

① 그래서   ② 하지만   ③ 그런데

④ 그러나   ⑤ 그리고

> ㉢ 앞뒤에 있는 문장을 살펴보고 어떤 내용을 말하고 있는지 두 내용 사이의 관계는 어떠한지 생각해 봅시다.

● 접속어 활용하기

4 ㉣을 다음과 같이 두 문장으로 나누어 쓸 때, 빈칸에 들어갈 접속어로 알맞은 것은 무엇입니까? ────────── ( )

> 이때, 엘리베이터는 위험합니다. [ ] 계단으로 대피해야 합니다.

① 그리고   ② 하지만   ③ 그런데

④ 그러나   ⑤ 그래서

> **문해력 tip** 문단 사이의 접속어
>
> 문단이 바뀔 때에도 접속어가 들어갈 수 있습니다. 앞에 나온 문단과 뒤에 나온 문단 사이의 관계를 생각하며 알맞은 접속어를 떠올려 봅니다.

○ 글의 주요 글감 파악하기

5 이 글에 대한 설명으로 알맞은 것은 무엇입니까? ·························· (   )

문해력 tip 글의 글감 찾기

글의 제목을 살펴보면 글 쓴이가 글에서 전하려는 내용이 무엇인지 알 수 있습니다. 또한 자주 나오는 낱말, 강조하는 내용을 통해 글감을 파악할 수 있습니다.

① 재난의 종류에 대해 분석한 글이다.

② 재난 시 행동 요령을 설명하는 글이다.

③ 재난 발생을 막아야 한다고 주장하는 글이다.

④ 여러 가지 재난을 겪은 경험에 대해 쓴 글이다.

⑤ 재난 발생을 막기 위해 노력하는 사람들에 대해 쓴 글이다.

○ 핵심 내용 파악하기

6 다음은 어떤 재난 발생 시의 행동 요령인지 [보기]에서 찾아 쓰시오.

보기		
태풍	지진	화재

(1) 연기를 마시지 않도록 젖은 수건을 코와 입 부분에 대고 대피한다.	(2) 배수로를 정비하고 날 아갈 위험이 있는 물건을 고정한다.	(3) 흔들림이 멈출 때까지 머리를 보호하며 탁자 아래에서 기다린다.
( )	( )	( )

○ 글의 내용 파악하기

7 불이 난 것을 보면 가장 먼저 무엇을 해야 한다고 설명하였습니까? ························ (   )

① 112에 신고한다.

② 119에 신고한다.

③ 소화기를 찾으러 간다.

④ "불이야! 불이야!" 하고 외친다.

⑤ 젖은 수건으로 호흡기를 가리고 대피한다.

재난 시 행동 요령

>> 재난 시 행동 요령에 대해 설명한 글을 읽었습니다. 빈칸에 들어갈 말을 [보기]에서 찾아 써넣으며 글 내용을 정리해 봅시다.

┌─ 보기 ┐
| 비 | 바람 | 소화기 | 119 |
| 배수로 | 실내 | 실외 | "불이야!" |

3일

3주

재난 시 행동 요령

태풍

❶ [ ]에 대비하여 물건을 튼튼하게 고정시킨다.

비에 대비하여 ❷ [ ]을/를 정비한다.

지진

❸ [ ]에 있을 경우 탁자나 책상 아래에서 흔들림이 멎을 때까지 기다리다가 대피한다.

실외에 있을 경우 머리를 보호하며 넓은 장소로 대피한다.

화재

불이 났을 때 ❹ [ ]하고 크게 외친다.

신속하게 ❺ [ ]에 신고하고 대피한다.

● 여러 가지 기상 특보와 관련된 말의 뜻을 알아봅시다.

대설 주의보

24시간 동안 내린 눈이 5cm 이상이 예상될 때 내리는 기상 특보.

호우 주의보

6시간 동안 70mm 또는 12시간 동안 110mm 이상 비가 내릴 것으로 예상될 때 내리는 특보.

한파 주의보

전날보다 급격히 추운 날씨가 예상될 때에 내리는 기상 특보.

안개 주의보

안개가 끼어 물체가 보이는 거리가 1km 미만일 때 내리는 특보.

1 '호우 주의보'에 대비를 잘한 경우에 ○표 하시오.

(1) 눈이 일정하게 쌓일 때마다 시간을 정해서 치운 경우   (   )

(2) 집에 비가 들이치지 않도록 창문을 잘 닫고 있는 경우   (   )

(3) 체온을 잘 지키기 위해 얇은 옷을 여러 겹 입고 외출한 경우   (   )

2 (   ) 안에 알맞은 말을 써넣으시오.

(1) 안개가 무척 심해서 (   ) 주의보가 언제 해제될지 알아보아야겠다.

(2) 내일 아침에 (   ) 주의보가 내려진다고 하니 꼭 털모자와 장갑을 준비하렴.

(3) (   ) 주의보 때문에 걱정스러웠지만 내 동생은 눈싸움을 할 수 있다며 무척 좋아하였습니다.

한국사 ○ 고구려 벽화 이야기

배경지식의 힘

QR을 찍어 동영상을 보고
고구려 벽화에 대해 알아봅시다.

4
일

3
주

고구려 | # 고분 | # 벽화 | # 귀족 | # 화려한 | # 호화로운

▶ 동영상을 보고 알맞은 것에 ✔ 하세요.

▶ 정답 15쪽

1 수산리 고분 벽화의 이름은 무엇인가요?

㉠ 사신도 ☐
㉡ 묘주 행렬도 ☐

2 고구려 귀족의 모습이 <u>아닌</u> 것은 무엇인가요?

㉠ 비단옷을 입고 있다. ☐
㉡ 하인을 데리고 다닌다. ☐
㉢ 곡예를 잘 부린다. ☐

3 안악 1호분 벽화에서 알 수 있는 점은 무엇인가요?

㉠ 고구려 귀족은 작은 집에 살았다. ☐
㉡ 고구려 귀족은 큰 집에 기와를 얹었다. ☐

4 안악 3호분 벽화에 나타나 있지 <u>않은</u> 것은 무엇인가요?

㉠ 커다란 솥 ☐
㉡ 여러 종류의 고기 ☐
㉢ 사냥을 하는 모습 ☐

한국사 ─○ 고구려 벽화 이야기

키워드 🔍
· 고구려
· 벽화

	쉬움	보통	어려움
제재			
어휘			
문장			

현재까지 알려진 가장 오래된 벽화는 스페인의 알타미라 동굴에 있습니다. 동굴이나 무덤 속에 그려진 벽화는 당시 사람들의 생활 모습을 알려 주는 역사적 자료입니다. [㉠] 사람들은 이 동굴에 그려진 **벽화**를 보고 14000여 년 전의 사람들이 어떻게 살았는지 짐작할 수 있었습니다.

고구려 시대에도 많은 벽화가 그려졌습니다. 무용총이라는 옛날 무덤 안에도 다양한 벽화가 있는데, '무용총'이란 '춤 무덤'을 뜻합니다. 왜 무덤의 이름을 이와 같이 지었을까요? [㉡] 무덤 안에 춤추는 모습의 벽화가 그려져 있었기 때문입니다. '무용도'에는 고구려 사람들이 어떤 옷과 장신구를 착용하였는지 잘 나타나 있습니다.

▲ 수렵도를 재현한 모습

무용총에는 또 하나의 유명한 벽화 '수렵도'가 있습니다. 수렵도는 고구려 사람들이 사냥하는 모습을 담은 그림인데, 마치 만화의 한 장면을 보는 것처럼 생생하여 인상적입니다. ㉢또 말을 탄 채로 활을 **겨냥하여** 쏘는 모습이 잘 나타난 것으로 보아, 고구려 사람들의 **무예** 수준을 짐작할 수 있습니다.

무용총 외에도 '각저총'이라는 고구려 무덤이 있습니다. '각저총'이라는 이름도 무덤 안의 씨름하는 모습의 벽화 때문에 지어진 이름입니다. 각저총의 씨름 벽화를 통해 우리는 씨름의 역사가 고구려 시대까지 거슬러 올라갈 정도로 **깊다는** 점을 알 수 있습니다.

▲ 각저총 벽화

㉣그러나 각저총에는 귀족이 집에 앉아 있는 모습의 벽화도 있습니다. 이 그림을 보면, 남성은 평상에 **걸터앉아** 있고, 두 여성은 방석 위에 무릎을 꿇고 비스듬히 남성 쪽을 향해 앉아 있습니다. 벽화에 그려진 이러한 모습을 통해 고구려 귀족이 집 안을 어떻게 꾸몄는지, 장신구는 어떤 것을 착용하였는지 등 당시의 생활 양식을 엿볼 수 있습니다.

📖 어휘 풀이

· **벽화**: 건물이나 동굴, 무덤 따위의 벽에 그린 그림.
· **겨냥하여**: 활 등을 쏠 때 목표물을 향해 방향과 거리를 잡아.
· **무예**: 무기 쓰기, 주먹질, 발길질, 말달리기 따위의 재주.
○ **깊다는**: 시간이 오래라는. 🔵 전통이 깊다는 뜻이다.
· **걸터앉아**: 어떤 물체에 온몸의 무게를 실어 걸치고 앉아.

○ '**깊다**'의 다른 뜻
▶ 거리가 멀다. 🔵 깊은 연못

1 ┌ ㉠ ┐에 들어갈 접속어로 알맞지 않은 것을 두 가지 고르시오.

.... (,   )

① 또한   ② 따라서

③ 그래서   ④ 그러나

⑤ 그러므로

2 ┌ ㉡ ┐에 들어갈 접속어로 알맞은 것은 무엇입니까? ········ (   )

① 그런데   ② 그러나

③ 그래서   ④ 왜냐하면

⑤ 그러므로

> **문해력 tip** 알맞은 접속어 찾기
>
> 문장과 문장의 관계를 보고 어떤 접속어가 들어갈지 짐작할 수 있습니다. 또 문장의 끝부분을 살펴보고 어떤 접속어가 어울릴지 찾을 수도 있습니다.

4
일

3
주

3 ㉢에 대한 설명으로 알맞은 것은 무엇입니까? ·························· (   )

① 원인과 결과의 관계를 나타내는 접속어이다.

② '또한'이나 '그리고'로 바꾸어 써도 뜻이 통한다.

③ '그래서'로 바꾸어 써야 문장의 흐름이 자연스러워진다.

④ 앞의 문장과 전혀 다른 내용이 이어질 때 쓰는 접속어이다.

⑤ 앞의 문장이 결과, 이어지는 문장이 원인일 때 사용하는 접속어이다.

> 설명하는 내용이 무엇인지 살펴보며 접속어의 역할을 생각해 봅시다.

4 ㉣을 알맞게 고친 문장의 기호를 쓰시오.

> ㉮ 하지만 각저총에는 귀족이 앉아 있는 모습의 벽화도 있다.
>
> ㉯ 그래서 각저총에는 귀족이 집에 앉아 있는 모습의 벽화도 있습니다.
>
> ㉰ 그리고 각저총에는 귀족이 집에 앉아 있는 모습의 벽화도 있습니다.

(   )

○ 글감 찾기

5 이 글은 무엇에 대하여 설명하고 있습니까? ·· (   )

① 스페인의 역사   ② 알타미라 동굴

③ 고구려의 벽화   ④ 광개토 대왕의 업적

⑤ 고구려의 탄생과 멸망

○ 핵심 정보 파악하기

6 다음 설명에 해당하는 벽화의 이름을 쓰시오.

> • 고구려 사람들이 사냥하는 모습을 그린 것이다.
> • 고구려인의 무예 수준을 짐작할 수 있다.
> • 만화의 한 장면을 보는 듯 생생하다.

(   )

○ 글의 내용 파악하기

7 씨름 벽화를 통해 알 수 있는 내용을 두 가지 고르시오. ······················ (,   )

① 고구려 사람들은 씨름을 하기도 했다.

② 고구려 시대의 씨름은 규칙이 달랐다.

③ 씨름은 수나라에서 전하여 온 운동이다.

④ 씨름의 역사가 고구려까지 거슬러 올라갈 정도로 깊다.

⑤ 고구려뿐만 아니라 백제나 신라에서도 씨름을 즐겨 했다.

○ 중요한 내용 파악하기

8 이 글에서 설명한 벽화는 어느 곳에 그려져 있는지 두 가지 고르시오. ·········· (,   )

① 무용총   ② 석굴암

③ 각저총   ④ 장군총

⑤ 무령왕릉

고구려의 벽화

>> 고구려의 벽화에 대해 설명한 글을 읽었습니다. 빈칸에 들어갈 말을 [보기]에서 찾아 써넣으며 글 내용을 정리해 봅시다.

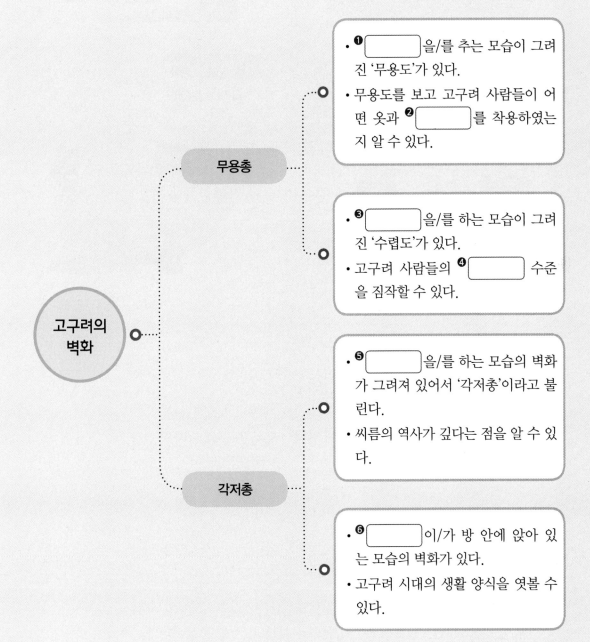

보기

춤	농기구	장신구	평민
사냥	씨름	무예	귀족

고구려의 벽화

무용총
- ❶ [ ]을/를 추는 모습이 그려진 '무용도'가 있다.
- 무용도를 보고 고구려 사람들이 어떤 옷과 ❷ [ ]를 착용하였는지 알 수 있다.
- ❸ [ ]을/를 하는 모습이 그려진 '수렵도'가 있다.
- 고구려 사람들의 ❹ [ ] 수준을 짐작할 수 있다.

각저총
- ❺ [ ]을/를 하는 모습의 벽화가 그려져 있어서 '각저총'이라고 불린다.
- 씨름의 역사가 깊다는 점을 알 수 있다.
- ❻ [ ]이/가 방 안에 앉아 있는 모습의 벽화가 있다.
- 고구려 시대의 생활 양식을 엿볼 수 있다.

● '깊다'의 여러 가지 뜻을 살펴보고 어떤 경우에 사용할 수 있을지 생각해 봅시다.

깊다 ❶
겉에서 속까지의 거리가 멀다.

깊다 ❷
생각이 가볍지 않고 신중하다.

깊다 ❸
수준이 높거나 정도가 심하다.

깊다 ❹
시간이 오래다.

1 '깊다'의 뜻이 <u>다른</u> 하나의 기호를 쓰시오. ⋯⋯⋯⋯⋯⋯⋯⋯ (　　　)

> ㉠ 이 호수는 <u>깊으니까</u> 수영할 때 조심해야 한다.
> ㉡ 햇빛이 닿지 않는 바닷속 <u>깊은</u> 곳에서도 생명체가 살아간다.
> ㉢ 너무 <u>깊은</u> 잠을 자느라고 아침에 알람이 울리는 것을 듣지 못했다.

2 (　　　) 안의 알맞은 말에 ○표 하시오.

(1) 그 선비는 겉모습은 초라하지만 생각이 (깊은 / 깊이) 사람입니다.

(2) 밤이 (깊었지만 / 깊을지도) 책 읽느라 시간 가는 줄 몰랐습니다.

사회 ○── 우리 조상들이 쓰던 도구들

배경지식의 힘

QR을 찍어 동영상을 보고
옛날의 도구들에 대해 알아봅시다.

5
일

3
주

옛날 생활 도구
체험전

도구 | # 옛날 | # 낫 | # 가마솥 | # 절구

▶ 동영상을 보고 알맞은 것에 ✔ 하세요.

▶ 정답 16쪽

1 곡식, 나무, 풀 등을 베는 데 쓰이는 농기구의 이름은 무엇인가요?

㉠ 낫 ☐
㉡ 쟁기 ☐

2 옷이나 옷감을 두드려 반듯하게 하는 도구는 무엇인가요?

㉠ 절구와 절굿공이 ☐
㉡ 다듬잇돌과 다듬잇방망이 ☐

3 아궁이에 걸어서 물을 데우거나 밥을 짓는 데 사용한 도구는 무엇인가요?

㉠ 가마솥 ☐
㉡ 전기밥솥 ☐

4 옛날 사람들이 떡을 만들 때 사용한 도구는 무엇인가요?

㉠ 절구 ☐
㉡ 인두 ☐

사회 ─○ 우리 조상들이 쓰던 도구들

키워드 🔍
- 도구
- 농기구

	쉬움	보통	어려움
제재			
어휘			
문장			

　사람은 음식을 먹을 때 그릇에 담고 숟가락과 젓가락을 사용합니다. 밥을 다 먹은 다음에는 수세미로 그릇을 깨끗이 닦습니다. 식사를 마친 다음에는 칫솔로 이를 깨끗이 닦습니다. 이처럼 사람이 어떤 행동을 할 때에는 그에 알맞은 도구를 사용합니다. 그렇다면 우리 조상들은 어떤 도구들을 사용하며 생활하였을까요?

　여기 대대로 농사를 짓고 사는 박 서방이 있습니다. 박 서방은 밭으로 가 황소가 끄는 '**쟁기**'를 이용하여 땅을 갈아엎습니다. 쟁기질을 마친 다음, '**도리깨**'로 수확한 곡식의 껍질을 벗깁니다.

▲ 쟁기질을 하는 모습

　한편 ㉠최 부인은 '다듬잇돌'에 잘 마른 빨래를 얹고 '다듬잇방망이'로 두들깁니다. ㉡그런데 방망이질로 옷감의 주름을 펼 수 있기 때문입니다. 다른 빨랫감은 '**인두**'로 지져서 옷감의 주름을 폅니다. 부인이 사용한 '다듬잇돌', '다듬잇방망이', '인두'는 모두 현대에는 '다리미판'과 '다리미'로 바뀌어 비슷한 역할을 하고 있습니다.

　건넛마을 김 선비는 방 안에서 글을 쓰고 있습니다. 종이가 흔들리지 않게 '문진'을 종이 위쪽에 얹습니다. ㅤㄷㅤ '**벼루**'에 먹을 잘 갈아서 먹물을 만듭니다. 물이 부족하면 '**연적**'에 담아 둔 물을 벼루에 더 따릅니다. 최 선비는 글을 열심히 쓰느라 해가 진 것도 몰랐나 봅니다. 얼른 등잔에 불을 붙여 방 안을 어둡지 않게 밝힙니다.

　위에서 살펴본 여러 도구들은 우리 주변에서는 보기 힘들어졌습니다. 박물관에 가야만 볼 수 있는 것들도 있습니다. ㉣그러나 쓸모가 없어서 사라진 것이 아닙니다. 우리가 편리하게 쓰는 도구들은 과거의 물건들이 더 발전한 것들이 많습니다. 요즘은 도리깨 대신 도정기를 사용하고, 붓 대신 볼펜, 더 나아가서는 펜도 필요 없는 전자 서명을 사용합니다. 온고지신이라는 말처럼, 과거의 유산을 잊지 않고 잘 보존한다면 우리의 생활도 더욱 **윤택하게** 만들 수 있지 않을까요?

📖 어휘 풀이

- **쟁기**: 소에 걸어서 논밭을 갈 때 쓰는 농기구.
- **도리깨**: 곡식의 낟알을 떨어내는 데 쓰는 농기구.
- **인두**: 바느질할 때 천의 구김살을 펴는 기구.
- **벼루**: 먹을 갈 때 쓰는 도구.
- **연적**: 벼루에 먹을 갈 때 쓰는, 물을 담는 그릇.
- **윤택하게**: 살림이 풍부하게.

○ 도리깨의 구조
▶ 긴 막대기에 구멍을 뚫어서 나뭇가지로 된 도리깻열을 연결한 물건. 막대기를 휘두르면 도리깻열이 채찍처럼 곡식을 때리게 된다.

○ 알맞은 접속어 활용하기

1 ㉠을 알맞은 접속어를 사용하여 두 문장으로 나눈 것에 ○표 하시오.

(1) 최 부인은 '다듬잇돌'에 잘 마른 빨래를 얹습니다. 그래서 '다듬잇
방망이'로 두들깁니다. ( )

(2) 최 부인은 '다듬잇돌'에 잘 마른 빨래를 얹습니다. 그리고 '다듬잇
방망이'로 두들깁니다. ( )

(3) 최 부인은 '다듬잇돌'에 잘 마른 빨래를 얹습니다. 그런데 '다듬잇
방망이'로 두들깁니다. ( )

○ 접속어에 주의하며 읽기

2 ㉡에 대해 알맞게 설명한 것은 무엇입니까? ································ ( )

① '그러나'를 넣어서 고쳐 써야 한다.

② 알맞게 사용한 접속어로, 고칠 필요가 없다.

③ '그래서'를 넣어야 문장이 더욱 자연스러워진다.

④ '왜냐하면'을 넣어야 문장이 더욱 자연스러워진다.

⑤ ㉡ 앞의 문장이 원인, ㉡으로 시작하는 문장이 결과이다.

○ 알맞은 접속어 활용하기

3 [㉢]에 들어갈 접속어에 대해 알맞게 설명한 친구는 누구입니까?

재연: 앞의 내용과 반대되는 내용이 이어지고 있으니 '그러나'를 넣어서 이어 주는 것이 알맞습니다.

효준: 앞의 내용이 원인이고 뒤에 나오는 내용이 결과이니 '그래서'를 넣어서 이어 주는 것이 좋습니다.

민수: 글을 쓰기 위해 하는 일이 순서대로 나타나 있으므로, '그리고'를 넣어서 이어 주는 것이 자연스럽습니다.

( )

○ 알맞은 접속어 활용하기

4 ㉣과 바꾸어 쓸 수 있는 접속어는 무엇입니까? ················ ( )

① 그리고 ② 그런데

③ 하지만 ④ 그래서

⑤ 왜냐하면

○ 글의 내용 파악하기

5 우리 조상들이 사용하던 도구가 <u>아닌</u> 것은 어느 것입니까?·······(   )

① 쟁기   ② 볼펜   ③ 도리깨
④ 다듬잇돌   ⑤ 다듬잇방망이

○ 핵심 내용 파악하기

6 누가 어떤 도구를 사용하였는지 선으로 이으시오.

(1) 박 서방		① 벼루
(2) 최 부인		② 연적
		③ 쟁기
		④ 인두
(3) 김 선비		⑤ 도리깨
		⑥ 다듬잇돌

○ 낱말의 뜻 짐작하기

7 이 글에서 다음과 같은 뜻으로 쓰인 한자 성어를 찾아 쓰시오.

> 옛것을 익히고 그것을 통해 새로운 것을 아는 것.

(   )

우리 조상들이 쓰던 도구들

>> 우리 조상들이 쓰던 도구들에 대해 쓴 글을 읽었습니다. 빈칸에 들어갈 말을 [보기]에서 찾아 써넣으며 글의 내용을 정리해 봅시다.

보기

소	단추	과일	연적
닭	주름	곡식	부채

5일

3주

조상들이 쓰던 도구들

쟁기 ····○ **❶**[ ]에 걸어서 논밭을 가는 데 쓰는 농기구

도리깨 ····○ **❷**[ ]의 낟알을 떨어내는 데 쓰는 농기구

다듬잇돌 ····○ 옷감을 두드려서 펴는 기구

인두 ····○ 뜨겁게 달구어 옷의 **❸**[ ]을/를 펴는 기구

❹[ ]

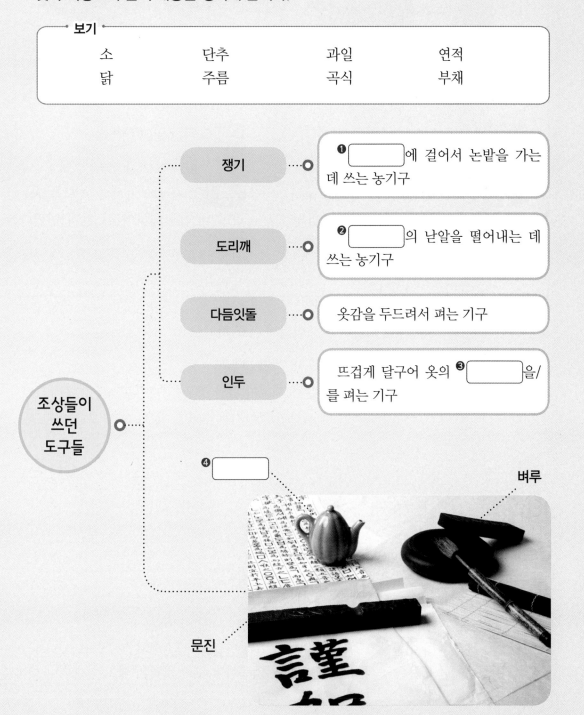

벼루

문진

도구와 관련된 속담

▶ 정답 16쪽

●● 도구와 관련된 속담을 살펴보고 어떤 경우에 사용할 수 있을지 생각해 봅시다.

속담 쟁기질 못하는 놈이 소 탓한다

　자신의 잘못을　　　남의 잘못으로

뜻 할 줄 모르는 저를 탓하지 아니하고 도구를 탓한다는 뜻으로, 자기의 능력 부족을 남의 잘못으로 돌리는 경우를 비유적으로 이르는 말.

속담 등잔 밑이 어둡다

　밝은 곳이 오히려 어두울 수 있다.

뜻 대상에서 가까이 있는 사람이 도리어 대상에 대하여 잘 알기 어렵다는 말.

1 '등잔 밑이 어둡다'를 사용할 수 있는 상황에 ○표 하시오.

(1) 햇볕이 뜨거운 날 나무 아래에 그늘이 생긴 경우 　　　　　　(　　　)

(2) 휴대 전화를 한참 동안 찾았는데 손에 쥐고 있었던 경우 　　　(　　　)

(3) 숙제를 계속 미루다가 숙제를 할 시간이 없어져서 후회한 경우 (　　　)

2 속담을 알맞게 활용하여 말한 친구는 누구입니까?

> 영재: 오늘 축구 했는데 한 골도 못 넣었네. 새 축구화를 사야겠다.
> 정훈: 등잔 밑이 어둡다고 하잖아. 실력이 있는 만큼 더 겸손해져 봐.
> 지수: 쟁기질 못하는 놈이 소 탓한다더니, 엉뚱한 축구화 탓하지 말고 연습이나 더 하는 게 좋지 않겠니?

(　　　)

4주

문단을 구분하며 읽기

문해력이 뛰어난 사람은 어떻게 읽을까?

문해력이 뛰어난 사람은 글을 구조적으로 읽어요. 구조적 읽기란 글 전체의 짜임을 파악하고
글의 각 부분들이 어떻게 전개되는지 이해하며 읽는 방법이에요. 글 전체의 흐름을 찾아가며
읽는 구조적 읽기의 첫 단계로, 우선 문단에 대해 공부할 필요가 있어요.

4주에 공부할 내용

문해력 ○── 문단을 구분하며 읽기

이런 친구들을 위한
문해력 솔루션! ＋
- 분량이 긴 글을 읽기 힘들어한다.
- 중간에 읽은 내용을 잘 기억하지 못한다.
- 무엇이 중요한 문장인지 구분을 잘 못한다.

글에도 마디가 있다!
글에도 토막이 있다!

1
일

4
주

● 문단이란?

문단은 글의 한 덩어리를 말해요. 문장이 모여 문단을 이루고, 문단이 모여 한 편의 글이 완성되지요. 물론 하나의 문단으로 된 짧은 글도 있지만 대개 한 편의 글은 여러 개의 문단으로 이루어져요.

여러 가지 놀이에 대해 설명하는 글을 살펴볼까요?

여러 가지 놀이 ─────→ 글의 제목

꼬리잡기　　깡통차기

제기차기　　수건돌리기

─→ 글 내용 네 가지

위 네 가지 놀이에 대해 설명하는 글은 각 놀이에 따라 네 개의 글 덩어리로 나눌 수 있어요. 그리고 각각의 글 덩어리는 각 놀이의 특징이나 방법에 대해 설명하는 내용을 담게 되지요. 이러한 글 덩어리 하나가 모두 문단이에요.

즉 **문단이란**, 하나의 글에서 **내용에 따라 나누어지는 글의 작은 토막**이라고 할 수 있어요.

꼬리잡기는 어쩌고 저쩌고 …

깡통차기는 어쩌고 저쩌고 …

제기차기는 어쩌고 저쩌고 …

수건돌리기는 어쩌고 저쩌고 …

문단
- 글은 몇 개의 문단으로 이루어진다.
- 문단은 글의 작은 부분 부분이다.
- 문단은 글의 내용에 따라 나뉜다.

문단의 구분

글에서 문단이 어떻게 나누어지는지 살펴볼까요? 여러 가지 놀이에 대해
설명한 글을 살펴보아요.

꼬리잡기는 두 편으로 나누어 상대편의 꼬리를 잡는 놀이입니다. 우선 같
은 편이 된 친구들끼리는 한 줄로 서서 앞사람의 허리를 잡습니다. 맨 앞에
있는 사람이 머리가 되고 맨 뒤에 있는 사람은 꼬리가 됩니다. 이렇게 같은
편의 머리가 된 사람이 상대편의 꼬리를 붙잡으면 이기는 놀이입니다.

 문단 1
꼬리잡기 놀이에 대해
설명하는 부분

깡통차기는 숨바꼭질과 비슷한 놀이입니다. 가위바위보로 술래를 정하고
작은 원을 그려 그 안에 깡통을 세워 둡니다. 한 사람이 깡통을 뻥 하고 차
면 술래가 그 깡통을 주워 올 동안 나머지 친구들은 숨고, 술래는 숨어 있
는 친구들을 찾습니다.

 문단 2
깡통차기 놀이에 대해
설명하는 부분

처음 부분은 '꼬리잡기'에 대해 썼고, 그 다음 부분에 '깡통차기'에 대해 썼
어요. 그렇다면 꼬리잡기에 대해 쓴 부분은 1문단이 되고, 깡통차기에 대
해 쓴 부분은 2문단이 되지요. 윗글은 이렇게 두 개의 문단으로 나뉘어요.

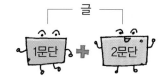

문단이 나뉘는 부분을 자세히 볼까요?
꼬리잡기에 대한 설명을 끝내고 깡통차기에 대한 설명을
시작하는 부분이에요. 줄을 바꾸어 썼지요?
　이렇게 새 문단을 시작할 때는 줄을 바꾸고 앞부분을
비우고 써요.

💡 문단을 새로 시작할 때
에는 문장의 앞부분을 비
우고 쓰는데, 이를 **들여쓰
기**라고 해요.

들여쓰기

확인 문제 1　문단에 대해 알아보기　　　　　▶ 정답 17쪽

◇ **알맞은 답에 ○표 하며 문단에 대해 알아봅시다.**

(1) 문단은 어떤 때에 나누어 씁니까?

　㉠ 글의 제목이 바뀔 때 (　　　)

　㉡ 글의 내용이 바뀔 때 (　　　)

　㉢ 문장이 너무 길어질 때 (　　　)

(2) 문단이 바뀐 것을 어떻게 표시합니까?

　㉠ 낱말을 크게 쓴다. (　　　)

　㉡ 줄을 바꾸고 앞부분을 비우고 쓴다. (　　　)

　㉢ 한 줄을 비우고 앞부분을 붙여 쓴다. (　　　)

문단의 중심 문장과 뒷받침 문장

문단의 중요한 내용을 잘 드러내는 문장을 문단의 중심 문장이라고 하고, 중심 문장의 내용을 자세하게 풀이해 주는 나머지 문장을 뒷받침 문장이라고 해요.

중심 문장
꼬리잡기 놀이가 어떤 놀이인지 잘 드러내는 문장

꼬리잡기는 두 편으로 나누어 상대편의 꼬리를 잡는 놀이입니다. 우선 같은 편이 된 친구들끼리는 한 줄로 서서 앞사람의 허리를 잡습니다. 맨 앞에 있는 사람이 머리가 되고 맨 뒤에 있는 사람은 꼬리가 됩니다. 이렇게 같은 편의 머리가 된 사람이 상대편의 꼬리를 붙잡으면 이기는 놀이입니다.

뒷받침 문장
꼬리잡기 놀이 방법을 자세히 설명하는 문장

깡통차기는 숨바꼭질과 비슷한 놀이입니다. 가위바위보로 술래를 정하고 작은 원을 그려 그 안에 깡통을 세워 둡니다. 한 사람이 깡통을 뺑 하고 차면 술래가 그 깡통을 주워 올 동안 나머지 친구들은 숨고, 술래는 숨어 있는 친구들을 찾습니다.

뒷받침 문장
깡통차기 놀이 방법을 자세히 설명하는 문장

중심 문장
깡통차기 놀이의 특징을 간단히 잘 드러내는 문장

중심 문장은 문단의 처음 부분에 오기도 하고 가운데나 끝에 오기도 해요. **중심 문장은 문단의 내용을 대표**하기 때문에 글 내용을 간추리거나 글의 짜임을 정리할 때 요긴하게 쓰여요.

▲ 중심 문장을 모아 간추리기

이렇게 글 내용에 따라 문단을 구분하고, 또 그 문단에서 중심 문장을 찾는 연습을 많이 해 두면 글의 짜임과 구성이 한눈에 들어오기 때문에 아무리 긴 글이라도 그 내용을 쉽게 기억하며 읽을 수 있어요.

문해력 솔루션! ⁺ | 문단을 구분하며 읽기

▶ 글 내용이 바뀌는 곳에서 문단을 구분하며 읽자.
▶ 문단의 중심 문장을 찾아 중요한 내용을 기억하며 읽자.

⬤ 다음 글을 읽고 물음에 답하시오.

> 거북은 *모래사장에 알을 낳습니다. ㉠ 따뜻한 모래사장에 구덩이를 파고 한 번에 50~200여 개의 알을 낳습니다. ㉡ 알을 다 낳으면 다른 동물들이 볼 수 없게 구덩이를 모래로 덮어 둡니다. ㉢ 뻐꾸기는 다른 새의 *둥지에 알을 낳습니다. ㉣ 뻐꾸기는 다른 새의 둥지를 살피다가 어미 새가 자리를 비우면 몰래 자신의 알을 낳고 날아갑니다. ㉤ 어미 새는 뻐꾸기가 몰래 낳아 놓은 알을 자신의 알인 줄 알고 품습니다.

● **모래사장** 강가나 바닷가에 있는 넓고 큰 모래 벌판.
● **둥지** 새가 알을 낳고 사는 곳.
ⓔ 비슷한말 = 보금자리

1 무엇에 대해 쓴 글입니까?⋯⋯⋯⋯⋯⋯⋯⋯⋯⋯⋯⋯⋯ ( )

① 동물이 사는 곳　　　　　② 동물이 잠을 자는 곳
③ 동물이 알을 낳는 곳　　　④ 동물이 먹이를 먹는 곳
⑤ 동물이 먹이를 먹는 방법

2 ㉠~㉤ 중 문단을 나누기에 가장 알맞은 곳은 어느 부분입니까?

( )

문단은 글 내용이 바뀔 때 나누어요.

3 첫 번째 중심 문장으로 보아 두 번째 중심 문장은 어느 것입니까?

⋯⋯⋯⋯⋯⋯⋯⋯⋯⋯⋯⋯⋯⋯⋯⋯⋯⋯⋯⋯⋯ ( )

> 첫 번째 중심 문장: 거북은 모래사장에 알을 낳습니다.

① ㉠ 뒤에 있는 문장　　　② ㉡ 뒤에 있는 문장
③ ㉢ 뒤에 있는 문장　　　④ ㉣ 뒤에 있는 문장
⑤ ㉤ 뒤에 있는 문장

중심 문장을 모아 정리하면 글 전체 내용을 쉽게 간추릴 수 있어요.

4 이 글의 중심 문장을 바탕으로 글 내용을 간추릴 때 빈칸에 들어갈 알맞은 말을 찾아 쓰시오.

> 거북은 ＿＿＿＿＿＿＿＿＿에 알을 낳는다.
>
> 뻐꾸기는 ＿＿＿＿＿＿＿＿＿에 알을 낳는다.

사회

가족의 여러 형태를 알아볼까요?

QR을 찍어 동영상을 보고
새로운 가족의 형태에 대해 알아봅시다.

2일

4주

오늘날 새로운
가족의 형태를
알아볼까요?

가족 | # 입양_가족 | # 한_부모_가족 | # 조손_가족 | # 딩크족

▶ 동영상을 보고 알맞은 것에 ✔ 하세요.

▶ 정답 18쪽

1 '가슴으로 낳은 자식'이라는 말과 관련 있는 가족 형태는 무엇인가요?

㉠ 입양 가족 ☐
㉡ 다문화 가족 ☐

2 한 부모 가족의 의미는 무엇인가요?

㉠ 부모 중 한 분이 안 계신 가족 ☐
㉡ 부모 중 한 분과 더 친한 가족 ☐

3 조손 가족의 의미는 무엇인가요?

㉠ 부모와 자녀가 함께 사는 가족 ☐
㉡ 조부모와 손자, 손녀가 함께 사는 가족 ☐

4 '딩크족'은 어떠한 부부를 뜻하는 낱말인가요?

㉠ 자녀를 많이 가진 부부 ☐
㉡ 일부러 자녀를 갖지 않는 부부 ☐

사회 ─○ 가족의 여러 형태를 알아볼까요?

키워드 Q	쉬움	보통	어려움
· 가족의 형태	제재		
· 문화	어휘		
	문장		

옛날에는 많은 사람들이 농사를 지으며 생활했어. 농사짓는 데에는 **일손**이 많이 필요했지. 그래서 부모와 함께 살던 자녀가 결혼을 하고 아이를 낳게 되어도 독립하지 않고 계속 부모와 한집에서 사는 경우가 많았단다. 이렇게 부부와 자녀 외에도 **조부모** 등의 가족 구성원이 함께 사는 가족을 '확대 가족'이라고 해. 확대 가족은 여러 **세대**가 함께 모여 살았기 때문에 세대 간에 **유대감**이 강하고 가족 간의 예절을 중요하게 생각했어.

핵가족은 부부와 아직 결혼하지 않은 자녀만으로 이루어진 가족이야. 확대 가족과는 대비되는 개념이지. 오늘날은 확대 가족보다 핵가족이 더 많아. 농업이 중심이었던 과거와는 달리, 산업이 발전하고 도시에 일자리가 집중되기 시작하면서 일자리를 얻으러 고향을 떠나는 사람들이 많아졌어. 다 자란 자녀들은 부모와 함께 살지 않고 도시로 나가 일을 하게 되었고, 그곳에서 자신의 가정을 꾸리게 되었지. 그래서 핵가족이 늘어나게 된 거야.

서로 다른 국적이나 인종, 문화를 가진 부부가 이룬 가족은 다문화 가족이라고 해. 오늘날에는 나라 간의 **교류**가 활발해지면서 다양한 민족과 만날 기회가 많아졌어. 자연스럽게 국제결혼도 증가해 다문화 가족이 늘어났지. 다문화 가족의 구성원들은 서로 다른 문화를 배우며 살 수 있어. 서로 다른 생활 방식을 인정하고 상대의 문화를 존중하는 것은 다문화 가족 구성원뿐만 아니라 그들과 함께 사는 우리 모두에게도 필요한 자세야.

ㄱ직접 낳은 자식이 아니어도 자녀로 삼을 수 있어. ㄴ친자식이 아닌 아이를 입양해서 키우는 가족을 입양 가족이라고 해. ㄷ입양 가족도 다른 가족과 다를 것 없이 부모와 자식 간의 사랑을 나누며 살아. 그래서 입양한 아이를 '가슴으로 낳은 자식'이라고 하기도 하지. 입양 가족이 늘어나면서 부모와 자식이 꼭 **혈연관계**여야 한다는 생각도 바뀌고 있어.

📖 어휘 풀이

· **일손**: 일을 하는 사람.
· **조부모**: 할아버지와 할머니를 아울러 이르는 말.
○ **세대**: 같은 시대에 살면서 공통의 의식을 가지는 비슷한 연령층의 사람 전체. 예 젊은 세대, 세대 간의 갈등
· **유대감**: 서로 밀접하게 연결되어 있는 공통된 느낌.
· **교류**: 문화나 사상 등이 서로 통함. 예 문화의 교류가 활발해졌다.
· **혈연관계**: 부모와 자식, 형제를 기본으로 하는 관계.

○ 세대 간 갈등이란?

요즘 애들은 부끄러운 줄 몰라.

▶ 다른 세대 간의 가치관 충돌로 인한 갈등.

○ 중심 문장 찾기

1 다음 중 1문단의 중심 문장에서 얻을 수 있는 정보로 알맞은 것은 무엇입니까? ·· (   )

① 확대 가족은 유대감이 강하다.

② 옛날에는 농사를 짓는 사람이 많았다.

③ 농사를 짓는 데에는 사람이 많이 필요했다.

④ 여러 세대가 함께 모여 살면 예절을 중요하게 생각하게 된다.

⑤ 확대 가족은 부부와 자녀 외에도 조부모 등이 함께 사는 가족이다.

가족의 여러 형태에 대해 문단을 나누어 설명하고 있는 글이야.

2
○ 중심 문장 찾기

2문단의 중심 문장으로 알맞은 것은 무엇입니까? ···················· (   )

① 확대 가족과는 대비되는 개념이지.

② 오늘날은 확대 가족보다 핵가족이 더 많아.

③ 핵가족은 부부와 아직 결혼하지 않은 자녀만으로 이루어진 가족이야.

④ 다 자란 자녀들은 부모와 함께 살지 않고 도시로 나가 일을 하게 되었고, 그곳에서 자신의 가정을 꾸리게 되었지.

⑤ 농업이 중심이었던 과거와는 달리, 산업이 발전하고 도시에 일자리가 집중되기 시작하면서 일자리를 얻으러 고향을 떠나는 사람들이 많아졌어.

3
○ 중심 문장과 뒷받침 문장 구분하기

㉠~㉢ 문장을 중심 문장과 뒷받침 문장으로 알맞게 구분한 것을 고르시오. ·· (   )

	㉠	㉡	㉢
①	중심 문장	중심 문장	뒷받침 문장
②	중심 문장	뒷받침 문장	뒷받침 문장
③	뒷받침 문장	중심 문장	뒷받침 문장
④	뒷받침 문장	뒷받침 문장	중심 문장
⑤	뒷받침 문장	뒷받침 문장	뒷받침 문장

문해력 tip 중심 문장 찾기

중심 문장의 위치는 정해져 있지 않으므로 중심 문장과 뒷받침 문장을 구분하기 위해서는 문장의 위치가 아닌 내용을 파악하며 읽어야 합니다.

○ 내용 파악하기

4 다음 내용과 관련 있는 가족 형태는 무엇입니까?

주로 농사를 짓고 살던 옛날에는 일손이 많이 필요했기 때문에 자식들이 결혼을 해도 부모와 함께 살았다.

➡ ☐ 가족

○ 핵심 정보 파악

5 오늘날 다문화 가족이 늘어난 이유는 무엇이라고 하였습니까?·····(   )

① 다문화의 중요성이 높아졌기 때문에
② 사람들의 활동 영역이 좁아지고 있기 때문에
③ 다른 문화를 가진 사람을 만나는 것이 어렵기 때문에
④ 나라 간 교류가 활발해지고 국제결혼이 늘었기 때문에
⑤ 부모의 두 나라 문화를 함께 배울 수 있는 기회가 생기기 때문에

○ 낱말 뜻 이해하기

6 빈칸에 들어갈 알맞은 낱말을 [보기]에서 찾아 써넣으시오.

┌ 보기 ┐

일손   인종   유대감   교류   조부모

(1) 두 나라는 내년부터 ☐☐ 하는 영역을 확대하기로 했다.

(2) 농사 일이 바쁜 시기에 ☐☐ 이 모자라 큰 어려움을 겪고 있다.

(3) 가족 모임을 하며 두런두런 이야기를 나누니 끈끈한 ☐☐☐ 이 느껴졌다.

가족의 여러 형태를 정리해 볼까요?

>> 가족의 여러 형태에 대해 설명한 글을 읽었습니다. 빈칸에 들어갈 말을 [보기]에서 찾아 써넣으며 글 내용을 정리해 봅시다.

보기

조부모	부부	일손	다문화
입양	세대	유대감	자녀

가족의 여러 형태

확대 가족 ····· 부부, 자녀 외에 ❶[＿＿＿＿] 등이 함께 사는 가족.

핵가족 ····· 부부와 결혼하지 않은 ❷[＿＿＿＿] 만으로 이루어진 가족.

❸[＿＿＿＿] **가족** ····· 서로 다른 국적이나 인종, 문화를 가진 사람들로 이루어진 가족.

입양 가족 ····· 친자식이 아닌 아이를 자녀로 맞는 ❹[＿＿＿＿]을 통해 이루어진 가족.

● 가족과 가까운 친척을 부르는 말에는 어떠한 것이 있는지 알아봅시다.

삼촌

부모님의 남자 형제를 부르는 말.

고모

아버지의 여자 형제를 부르는 말.

이모

어머니의 여자 형제를 부르는 말.

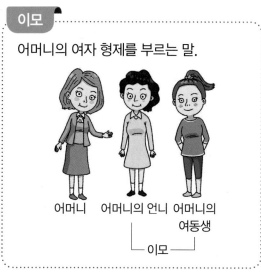

조카

삼촌이나 고모, 이모가 나를 부르는 말.

1 다음 중 '삼촌'에 대한 설명으로 알맞은 것에 ○표 하시오.

(1) 형제자매의 자식을 부르는 말이다. ································ ( )

(2) 부모님의 남자 형제를 부르는 말이다. ·························· ( )

2 다음 중 친척 호칭어를 알맞게 설명한 친구는 누구입니까?

한솔: '고모'는 아버지의 여자 형제를 부르는 말이야.
승연: '이모'는 어머니의 남자 형제를 부르는 말이야.

( )

배경지식의힘

QR을 찍어 동영상을 보고
자기 부상 열차에 대해 알아봅시다.

3
일

4
주

공중에 띄우는 힘

자기 부상 열차: 공중을 달리다

교통수단 | # 자기_부상_열차 | # 자석 | # 공중에_띄우는_힘 | # 움직이게_하는_힘

▶ 동영상을 보고 알맞은 것에 ✔ 하세요.

▶ 정답 19쪽

1 서울에서 부산까지 16분 안에 갈 수 있는 교통
수단은 무엇인가요?

㉠ KTX ☐
㉡ 자기 부상 열차 ☐

3 자기 부상 열차는 무엇을 이용하여 앞으로 나
아가나요?

㉠ 자석 ☐
㉡ 바퀴 ☐

2 자기 부상 열차가 매우 빠른 속도로 이동할 수
있는 것은 무슨 이유 때문인가요?

㉠ 공중에 떠서 달리기 때문에 ☐
㉡ 다른 교통수단보다 이용하는 사람이 적기 때문
에 ☐

4 자기 부상 열차가 공중에 뜬 상태로 달리기 위
해 필요한 힘은 무엇인가요?

㉠ 차량을 최대한 무겁게 만드는 힘과 차량의 무게
를 견디는 힘 ☐
㉡ 차량을 공중에 띄우는 힘과 차량을 원하는 방향
으로 움직이게 하는 힘 ☐

자율 주행 자동차는 운전자가 차량을 조작하지 않아도 스스로 목적지까지 가는 자동차입니다. 원하는 목적지를 입력하면 자동차가 도로 교통 상황을 인식하여 **가속**과 **감속**, 차선 변경 등 사람이 하는 모든 운전을 스스로 하는 것이지요. 자율 주행 기술은 운전자가 다른 일을 할 수 있도록 시간을 확보해 주고, 운전자의 피로를 덜어 주어서 미래의 **혁신** 기술로 인정받고 있답니다. 현재에도 일정 조건이 갖추어진 상황에서 자율 주행을 하는 자동차들이 있습니다. 미래에는 자율 주행 자동차가 완전 자동화 단계에 이르러 일상이 될 수 있을 거예요. 관련된 법률과 제도가 잘 갖추어진다면 이 새로운 기술을 더 안전하게 이용할 수 있겠지요.

▲ 자율 주행 자동차

무인 자동 택시는 무인 운전 시스템을 이용하는 택시 형태의 소형 열차입니다. 무인 자동 택시는 **모노레일**의 발전된 형태로, 전용 **궤도** 위를 목적지까지 직행으로 운행하는 것이 특징이에요. 정해진 궤도를 택시 크기의 무인 순환 차량이 이동하면 승객들이 곳곳에 설치된 승강장에서 타고 내리지요. 환승이나 정차 없이 운행하기 때문에 교통 혼잡을 최소화할 수 있어요.

자기 부상 열차는 **자기력**으로 공중에 떠서 이동하는 열차입니다. ㉠자석의 같은 극끼리 가까워지면 서로 미는 힘, 다른 극끼리 가까워지면 서로 끌어당기는 힘이 작용하는 것을 이용하지요. ㉡자기 부상 열차는 선로에서 뜬 상태로 달리기 때문에 마찰과 **저항**이 적어 매우 빠르고 소음도 적어요. 현재 우리나라에도 시속 100킬로미터 정도로 달릴 수 있는 중저속 인천공항 자기 부상 철도가 운행 중이에요. 미래에는 더 빠른 초고속 자기 부상 열차도 만나볼 수 있을 것이라고 합니다.

▲ 자기 부상 열차

📖 **어휘 풀이**

· **가속**: 속도를 더함.
· **감속**: 속도를 줄임.
· **혁신**: 방법 등을 완전히 바꾸어서 새롭게 함.
○ **모노레일**: 선로가 한 가닥인 철도.
· **궤도**: 기차나 전차 등의 바퀴가 굴러가도록 레일을 깔아 놓은 길.
· **자기력**: 자석과 전류가 서로 끌어당기거나 밀어냄으로써 서로에게 미치는 힘.
· **저항**: 물체가 움직이는 방향과 반대 방향으로 작용하는 힘.

○ **모노레일이란?**

▶ '모노'는 하나, '레일'은 선로라는 뜻으로, 선로가 한 가닥인 철도를 의미합니다.

1 1문단의 중심 문장의 내용은 무엇입니까? .... (   )

① 자율 주행 기술로 도로 교통 상황을 인식할 수 있다.

② 자율 주행 기술은 운전자가 다른 일을 할 수 있도록 시간을 확보해 준다.

③ 현재에도 일정 조건이 갖추어진 상황에서 자율 주행을 하는 자동차들이 있다.

④ 자율 주행 자동차는 운전자가 차량을 조작하지 않아도 스스로 목적지까지 가는 자동차이다.

⑤ 자율 주행 자동차의 보급에 맞추어 관련 법률과 제도가 마련된다면 기술을 더 안전하게 이용할 수 있을 것이다.

미래에 이용하게 될 교통수단의 종류와 특징에 대해 설명하는 글입니다.

● 중심 문장 파악하기

2 2문단의 중심 문장을 고려할 때, 2문단의 중요한 내용으로 알맞은 것은 무엇입니까? .... (   )

① 모노레일의 의미

② 소형 열차의 역사

③ 택시의 장점과 단점

④ 무인 자동 택시의 특징

⑤ 무인 운전 시스템의 원리

문해력 tip **문단의 중요 내용**

문단의 중심 문장을 살펴보면 문단의 중요한 내용이 무엇인지 알 수 있습니다.

● 중심 문장과 뒷받침 문장 구분하기

3 ㉠과 ㉡의 공통점으로 알맞은 것에 모두 ○표 하시오.

(1) 문단의 내용을 대표하는 중심 문장이다. (   )

(2) 자기 부상 열차에 대하여 설명하는 문장이다. (   )

(3) 중심 문장의 내용을 자세하게 풀이해 주는 문장이다. (   )

문해력 tip **뒷받침 문장**

한 문단 안에 여러 개의 뒷받침 문장이 있을 수 있습니다.

● 내용 파악하기

4 이 글에 대한 설명으로 알맞은 것은 어느 것입니까? ─────────────── (　　　)

① 대중교통이 필요한 이유를 설명한 글이다.

② 교통과 관련한 법률과 제도를 설명한 글이다.

③ 미래에 이용할 수 있는 교통수단을 설명한 글이다.

④ 과학 기술의 발달과 교통 발달의 연관성을 설명한 글이다.

⑤ 교통사고 예방을 위해 실천할 수 있는 규칙을 설명한 글이다.

● 핵심 정보 파악

5 자율 주행 자동차에 대한 설명으로 알맞지 <u>않은</u> 것은 어느 것입니까? ───── (　　　)

① 자율 주행 기술로 운전자의 피로를 덜 수 있다.

② 현재 보급된 자율 주행 자동차들은 모두 완전 자동화 단계에 이르렀다.

③ 자율 주행 자동차에 목적지를 입력하면 자동차가 도로 교통 상황을 인식할 수 있다.

④ 자율 주행 기술을 더 안전하게 이용하기 위해서는 관련된 법률과 제도가 잘 갖추어져야 한다.

⑤ 자율 주행 자동차는 운전자가 차량을 조작하지 않아도 스스로 운전해서 목적지까지 가는 자동차이다.

● 내용 파악하기

6 마찰과 저항이 적어서 생기는 자기 부상 열차의 장점은 무엇이라고 하였습니까?

➡ 매우 빠르게 달릴 수 있고, ☐ 이 적다.

● 낱말 뜻 이해하기

7 다음 ☐에 알맞은 낱말을 선으로 이으시오.

(1) 비 오는 날에는 자동차를 ☐☐하여 운행하는 것이 안전하다.　　·

　　·　① 저항

(2) 이 자동차는 공기의 ☐☐을 적게 받도록 설계하였다.　　·

　　·　② 감속

미래의 교통수단에 대해 알아볼까요?

≫ 미래의 교통수단에 대해 설명한 글을 읽었습니다. 빈칸에 들어갈 말을 [보기]에서 찾아 써넣으며 글 내용을 정리해 봅시다.

보기

조작	교통 혼잡	자기력	소형
저항	승객	무인 운전	초고속

3
일

4
주

**미래의
교통수단**

자율 주행 자동차
- 운전자가 차량을 ❶ ⬚하지 않아도 스스로 목적지까지 가는 자동차.
- 도로 상황을 인식하여 모든 운전을 스스로 함.

무인 자동 택시
- ❷ ⬚ 시스템을 이용하는 택시 형태의 ❸ ⬚ 열차.
- 모노레일의 발전된 형태로 목적지까지 직행.

자기 부상 열차
- ❹ ⬚을 이용하여 공중에 떠서 이동하는 열차.
- 마찰과 저항이 적어 매우 빠르게 달릴 수 있음.

● '가속'과 '감속'처럼 뜻이 서로 반대되는 관계에 있는 말을 '반의어'라고 해요. '가속'과 '감속'처럼 한자의 뜻에 따라 반의어가 되는 어휘들을 알아볼까요?

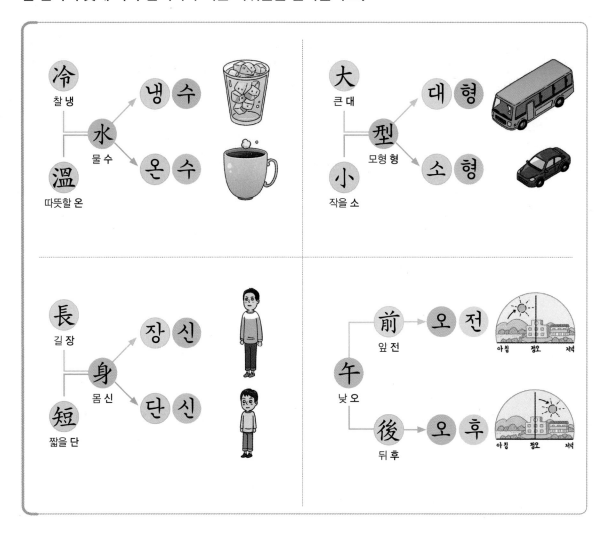

1 다음 낱말의 뜻을 보고 빈칸에 알맞은 말을 쓰시오.

냉기(冷氣) : 차가운 기운.　⟷　온기(溫氣) : [　　　] 기운.

2 한자의 뜻을 생각하며 다음 빈칸에 해당하는 반의어를 쓰시오.

(1)
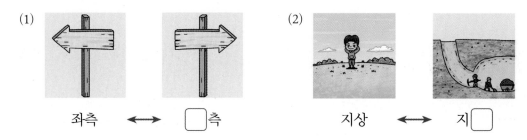
좌측　⟷　[　]측

(2)
지상　⟷　지[　]

한국사 ○— 삼국 통일과 신라

배경지식의 힘

QR을 찍어 동영상을 보고
신라의 수도 경주에 대해 알아봅시다.

신라의 천년 수도, 경주!
스탬프 투어

🖱 경주 | # 불국사 | # 석굴암 | # 첨성대 | # 황룡사지

▶ 동영상을 보고 알맞은 것에 ✔ 하세요.

▶ 정답 20쪽

1 불국사는 무슨 뜻을 지니고 있나요?

㉠ 부처님의 나라 ☐
㉡ 다양한 역사의 나라 ☐

3 첨성대는 무엇을 하던 장소였나요?

㉠ 왕의 조상들에게 제사를 지내던 곳 ☐
㉡ 별과 우주의 움직임을 관찰하던 천문대 ☐

2 통일 이후 신라의 대표적인 절은 무엇인가요?

㉠ 석굴암 ☐
㉡ 석빙고 ☐

4 황룡사지에 있던 목탑이 없어진 이유는 무엇인가요?

㉠ 고려 때 몽골의 침입으로 없어졌다. ☐
㉡ 황룡사지 주변을 개발하면서 없어졌다. ☐

한국사 — 삼국 통일과 신라

키워드 🔍
- 신라
- 삼국 통일

	쉬움	보통	어려움
제재			
어휘			
문장			

648년 신라와 당나라는 나·당 **연합**을 맺었어. 당시 백제의 공격을 받던 신라는 당나라의 도움이 필요했고, 당나라는 신라와 동맹을 맺어 **난공불락**의 고구려를 치고 싶었기 때문이야. 손을 잡은 신라와 당나라는 약속을 했지. 훗날 고구려와 백제를 차지한다면 대동강 북쪽은 당나라가, 남쪽은 신라가 가지기로 말이야.

당나라와 연합한 신라는 우선 백제를 공격했어. 백제군은 멸망할 때까지 가만히 당하기만 했냐고? 아니, 백제군도 **산전수전**을 겪으며 끝까지 싸웠어. 그 대표적인 예로는 신라군과 백제군이 황산벌에서 치열하게 싸운 황산벌 전투가 있지. 하지만 여러 노력에도 불구하고 패배한 백제는 사비성을 **함락**당해 660년 멸망의 길을 걷게 됐어.

㉠나·당 연합군은 백제에 이어 고구려를 공격해. ㉡힘을 모아 고구려를 공격할 기회를 노리던 신라와 당나라가 평양성까지 함락했지. 고구려는 북쪽에서는 당나라, 남쪽에서는 신라의 공격을 받은 거야. 위아래로 공격당한 고구려는 결국 668년 역사 속으로 사라지게 돼.

그런데 연합했던 신라와 당나라 사이에 668년부터 676년까지 전쟁이 일어나. 백제와 고구려를 멸망시키는 과정에서 당나라가 약속과 달리 한반도 전체를 지배하려는 **야심**을 보였거든. 신라와 당나라 사이에 일어난 이 전쟁을 나·당 전쟁이라고 불러. 어제의 친구가 오늘의 적이 된 거야.

신라는 나·당 전쟁에서 승리를 거두어 676년 당나라를 몰아내고, 마침내 삼국 통일을 이루게 돼. 신라가 우리 민족을 하나로 통일한 거야.

이러한 신라의 삼국 통일 과정에는 **의의**도 있고, **한계**도 있어. 신라의 삼국 통일은 한반도의 세 나라를 하나로 통일하여 민족 문화 발전의 발판을 마련했다는 의의가 있어. 그러나 통일 과정에서 당나라에 의존적이었다는 비판과 고구려의 옛 영토이던 만주 지역을 포함하지 못했다는 한계가 있지.

📖 어휘 풀이

- **연합**: 서로 합동하여 하나의 조직체를 만듦. 또는 그렇게 만든 조직체.
- **난공불락**: 공격하기가 어려워 쉽사리 함락되지 않음.
- **산전수전**: 산에서도 싸우고 물에서도 싸웠다는 뜻으로, 세상의 온갖 고생과 어려움을 다 겪었음을 뜻하는 말.
- **함락**: 적의 성, 요새 등을 공격하여 무너뜨림.
- **야심**: 무엇을 이루어 보겠다고 마음속에 품고 있는 욕망이나 소망.
- **의의**: 어떤 사실이나 행위 따위가 갖는 중요성이나 가치.
- **한계**: 능력, 책임 등이 실제 작용할 수 있는 범위.

○ 연합

국제 연합은 국제 협력을 위해 만든 국제 평화 기구야.

○ 중심 문장을 통해 중심 내용 이해하기

1 1문단의 중심 문장을 고려할 때, 1문단의 중심 내용으로 알맞은 것은 무엇입니까? ·· (　　)

① 신라는 당나라의 도움이 필요했다.

② 당나라는 고구려를 공격하고 싶어 했다.

③ 고구려, 백제, 신라 사이에는 전쟁이 잦았다.

④ 648년 신라와 당나라가 나·당 연합을 맺었다.

⑤ 당나라와 힘을 합치기 전 신라는 백제의 공격에 어려움을 겪었다.

💡 문단에서 중심 문장을 찾는 연습을 해 두면 글의 짜임을 잘 파악하게 되어 긴 글도 쉽게 이해할 수 있어요.

○ 중심 문장을 통해 문단에 소제목 붙이기

2 중심 문장을 고려하여 문단마다 소제목을 붙일 때, 2문단의 소제목으로 가장 알맞은 것은 무엇입니까? ·············· (　　)

① 백제의 멸망

② 황산벌 전투

③ 사비성의 역할

④ 백제가 공격당한 이유

⑤ 백제군과 신라군의 차이

중심 문장은 문단의 내용을 대표하기 때문에 글의 내용을 정리할 때 요긴하게 쓰여.

○ 중심 문장과 뒷받침 문장 구분하기

3 ㉠ 문장과 ㉡ 문장은 중심 문장과 뒷받침 문장 중 무엇에 해당하는지 선으로 이으시오.

(1) ㉠ •

(2) ㉡ •

• ① 　중심 문장

• ② 　뒷받침 문장

○ 핵심 정보 파악

4 고구려가 멸망한 이후의 일로 알맞은 것은 무엇입니까? ·· (   )

① 사비성이 함락당하였다.

② 신라와 당나라가 나·당 연합을 맺었다.

③ 신라와 당나라 사이에 전쟁이 일어났다.

④ 백제와 신라 사이에 황산벌 전투가 일어났다.

⑤ 백제의 공격을 받던 신라가 당나라에 도움을 청했다.

○ 핵심 정보 파악

5 나·당 전쟁이 일어난 계기로 알맞은 것은 무엇입니까? ·· (   )

① 백제가 신라를 침략했기 때문에

② 당나라가 신라를 오랫동안 공격했기 때문에

③ 당나라가 신라에게 영토를 빼앗겼기 때문에

④ 신라와 고구려가 맺은 동맹이 결렬되었기 때문에

⑤ 당나라가 한반도 전체를 지배하려는 야심을 보였기 때문에

○ 낱말 뜻 이해하기

6 '의의'와 '한계'를 알맞게 활용하여 말한 사람은 누구입니까?

> 영호: 삼국 통일을 통해 민족의 자주성을 높이고 경제를 발전시켰다는 한계도 있어.
> 서연: 삼국 통일은 우리 민족 전체를 하나로 만들어 주었다는 점에서 한계가 있어.
> 우성: 삼국 통일의 의의는 민족 문화가 발전할 수 있는 발판을 마련했다는 점이지.
> 지은: 하지만 삼국 통일은 고구려 땅 대부분을 제외한 불완전한 통일이라는 의의가 있지.

(   )

신라의 삼국 통일 과정을 알아볼까요?

>> 신라의 삼국 통일 과정에 대해 설명한 글을 읽었습니다. 빈칸에 들어갈 말을 [보기]에서 찾아 써넣으며 글 내용을 정리해 봅시다.

4
일

4
주

보기

| 당나라 | 백제 | 휴전 | 가야 |
| 신라 | 고려 | 전쟁 | 조선 |

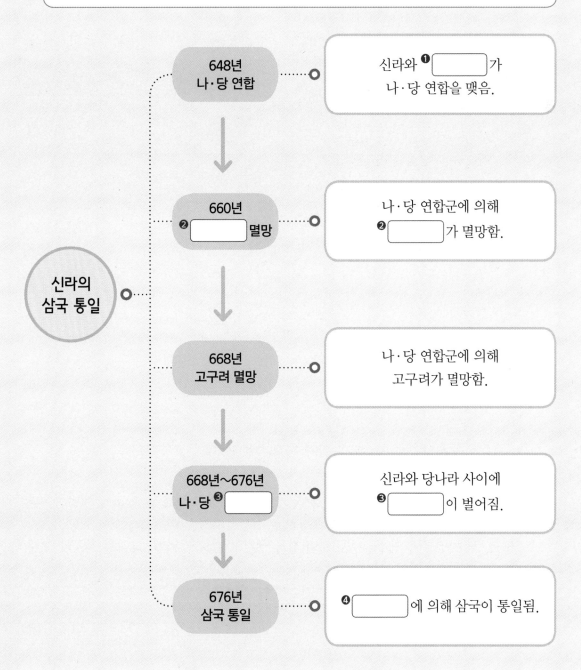

신라의
삼국 통일

648년
나·당 연합

신라와 ❶[   ]가
나·당 연합을 맺음.

660년
❷[   ] 멸망

나·당 연합군에 의해
❷[   ]가 멸망함.

668년
고구려 멸망

나·당 연합군에 의해
고구려가 멸망함.

668년~676년
나·당 ❸[   ]

신라와 당나라 사이에
❸[   ]이 벌어짐.

676년
삼국 통일

❹[   ]에 의해 삼국이 통일됨.

난공불락, 산전수전

▶ 정답 20쪽

● 사자성어 '난공불락'과 '산전수전'에 대해 알아볼까요?

1 '난공불락'을 알맞게 활용한 상황에 ○표 하시오.

(1) 공격 한 번에 무너지다니 정말 난공불락이다. ( )

(2) 난공불락의 성을 점령하기 위해 많은 노력을 기울였다. ( )

2 ◯ 안에 들어가기에 알맞은 친구는 누구입니까?

> 지원: 이번 방학 때 뭐 했어? 나는 집에서만 푹 쉬어서 별일 없었어. 텔레비전 프로그램만 봤어.
>
> 수빈: 나는 친구와 여행을 갔는데 버스도 끊기고 길도 잃었어. 그래서 친구와 크게 다투기까지 했어.
>
> 민수: ◯◯◯ 이는 정말 산전수전 다 겪었구나.

( )

과학

동물들의 독특한 육아

배경지식의힘

QR을 찍어 동영상을 보고
캥거루에 대해 알아봅시다.

5
일

4
주

캥거루 | # 튼튼한_뒷다리 | # 배_주머니 | # 작고_연약한_새끼_캥거루

▶ 동영상을 보고 알맞은 것에 ✔ 하세요.

▶ 정답 21쪽

1 캥거루의 주머니는 몸 어느 쪽에 있나요?

㉠ 배 ☐
㉡ 등 ☐

2 캥거루가 개나 고양이와 다른 점은 무엇인가
요?

㉠ 알을 낳는다. ☐
㉡ 새끼를 주머니에서 키운다. ☐

3 갓 태어난 캥거루 새끼의 크기는 어느 정도인
가요?

㉠ 약 2cm ☐
㉡ 약 20cm ☐

4 갓 태어난 새끼 캥거루가 작고 연약한 이유는
무엇인가요?

㉠ 캥거루는 태반이 발달하지 않았기 때문에 ☐
㉡ 작게 태어나는 것이 생존에 유리하기 때문에 ☐

과학 ○ 동물들의 독특한 육아

키워드 🔍	쉬움	보통	어려움
·동물	제재		
·육아	어휘		
	문장		

㉠캥거루는 배 아래 주머니 속에서 갓 낳은 새끼를 약 9개월 정도 키운 뒤에 세상 밖으로 내보내요. 캥거루 몸에 주머니가 있는 이유는 무엇일까요? 바로 캥거루는 새끼를 감싸는 '**태반**'이 불완전하기 때문이에요. ㉡캥거루는 태반이 잘 발달하지 않아 개나 고양이와 달리 성장이 완전히 끝나지 않은 새끼를 낳아요. ㉢갓 태어난 새끼 캥거루는 약 2cm 정도로 작고 연약하지요. 그래서 새끼 캥거루는 충분히 클 때까지 엄마 캥거루의 배 아래 주머니에서 젖을 먹으며 적과 외부의 위험으로부터 보살핌을 받는 것이랍니다.

▲ 캥거루

뻐꾸기는 남다른 **육아** 방식인 '탁란'으로 유명해요. '탁란'은 다른 종류의 새 둥지에 알을 낳아 그 새가 대신 품어 기르도록 하는 것을 말해요. 즉, 새끼 뻐꾸기는 부모 뻐꾸기가 아닌 다른 새로부터 먹이를 받아먹고 자라는 거지요. 새끼 뻐꾸기를 키워 주는 새는 흔히 뱁새라고 부르는 붉은머리오목눈이가 대표적이에요. 정말 독특한 육아 방식이지요?

펭귄과 동물 중 가장 몸집이 큰 황제펭귄은 아빠가 새끼를 **지극정성**으로 양육해요. 엄마 황제펭귄이 알을 낳고 먹이를 찾아 넓은 바다로 나가면 아빠 황제펭귄의 육아가 시작됩니다. 아빠 황제펭귄은 남극의 강추위와 눈보라 속에서 아무것도 먹지 않고 약 60일 동안 발등 위에 알을 품어요. 눈이나 얼음 조각을 먹으며 수분을 **보충**하고, 다른 아빠 황제펭귄들과 무리를 지어 몸을 밀착해 체온을 유지하면서 알을 품지요. 만약 새끼가 태어나도 엄마 황제펭귄이 돌아오지 않는다면 아빠 황제펭귄은 위장 속에 **비축**해 둔 먹이를 토해내 새끼에게 먹이기도 한답니다.

▲ 황제펭귄

📖 어휘 풀이

· **태반**: 임신 중 어머니 배 속에 있는 아이와 어미를 연결하는 기관. 배 속의 아이에게 영양분을 공급하고 배설물을 내보내는 기능을 함.
○ **육아**: 어린 아이를 기름.
· **지극정성**: 더할 수 없는 정성스러움.
· **보충**: 부족한 것을 보태어 채움.
　　예 선생님께서 보충 설명을 해 주셨다.
· **비축**: 만약의 경우를 대비하여 미리 갖추어 모아 둠.

○ 육아의 한자

育　　兒
기를 **육**　아이 **아**

▶ 아이를 기름.
　예 아버지는 육아 과정을 담은 일기를 적었다.

○ 중심 문장과 뒷받침 문장 구분하기

1 ㉠, ㉡, ㉢을 중심 문장과 뒷받침 문장으로 알맞게 구분한 것은 무엇입니까? ────────────────────────── (　　　)

	㉠	㉡	㉢
①	중심 문장	뒷받침 문장	뒷받침 문장
②	중심 문장	뒷받침 문장	중심 문장
③	중심 문장	중심 문장	뒷받침 문장
④	뒷받침 문장	뒷받침 문장	중심 문장
⑤	뒷받침 문장	중심 문장	중심 문장

1문단의 중심 내용은 캥거루가 배 아래 주머니에서 새끼를 키운다는 거예요.

○ 중심 문장과 뒷받침 문장 구분하기

2 다음 2문단의 문장에 알맞은 설명을 줄로 이으시오.

(1) 뻐꾸기는 남다른 육아 방식인 '탁란'으로 유명해요. ·

(2) 새끼 뻐꾸기를 키워 주는 새는 흔히 뱁새라고 부르는 붉은머리오목눈이가 대표적이에요. ·

· ① 문단의 내용을 대표하는 문장

· ② 중심 문장의 내용을 풀이해 주는 문장

> **문해력 tip** 뒷받침 문장
> 중심 문장의 내용을 자세하게 풀이해 주는 문장을 뒷받침 문장이라고 해요.

○ 중심 문장을 통해 중심 내용 이해하기

3 3문단의 중심 문장을 고려할 때, 3문단의 중심 내용은 무엇입니까?
────────────────────────── (　　　)

① 황제펭귄의 크기
② 아빠 황제펭귄의 양육 방법
③ 남극의 강추위를 견디는 방법
④ 황제펭귄이 수분을 보충하는 방법
⑤ 엄마 황제펭귄이 바다로 떠나는 이유

○ 글의 내용 파악

4 캥거루 몸에 있는 주머니의 역할은 무엇이라고 하였습니까? ……………………………… (　　　)

① 추위를 막는 역할

② 편하게 달리도록 돕는 역할

③ 덜 자란 새끼를 양육하는 역할

④ 몸집이 크게 보이도록 하는 역할

⑤ 나중에 먹을 식량을 저장하는 역할

○ 핵심 정보 파악

5 뻐꾸기의 육아 방식으로, 다른 새의 집에 알을 낳아 대신 품어 기르도록 하는 일을 무엇이라고 합니까?

➡ ☐

○ 핵심 정보 파악

6 황제펭귄이 무리 지어 몸을 밀착하는 이유는 무엇입니까? ……………………………… (　　　)

① 체온을 유지하기 위해

② 바다로 나가 수영하기 위해

③ 다친 황제펭귄을 치료하기 위해

④ 다른 동물들에 맞서 싸우기 위해

⑤ 다른 황제펭귄과 함께 놀기 위해

○ 낱말의 뜻 이해하기

7 빈칸에 알맞은 낱말을 [보기]에서 찾아 쓰시오.

┌ 보기 ─────────────────────────────────────┐
│　　　보충　　　배출　　　방치　　　운영　　　양육　　　유입　　│
└──┘

(1) 그 부부는 입양한 아이를 정성껏 ☐☐ 하였다.

(2) 설명을 이해하지 못한 동생에게 ☐☐ 설명을 해 주었다.

동물들의 독특한 육아에 대해 알아볼까요?

≫ 동물들의 독특한 육아에 대해 설명한 글을 읽었습니다. 빈칸에 들어갈 말을 [보기]에서 찾아 써넣으며 글 내용을 정리해 봅시다.

┌ 보기 ┐

| 주머니 | 뻐꾸기 | 엄마 | 이웃 |
| 기러기 | 태반 | 아빠 | 동료 |

5일

4주

캥거루
- 성장이 완전히 끝나지 않은 새끼를 낳음.
- 배 아래 ❶[   ]에서 새끼 캥거루를 키움.

동물들의 독특한 육아

❷[   ]
다른 종류의 새 둥지에 알을 낳아 그 새가 대신 품어 기르도록 하는 '탁란'을 함.

황제펭귄
❸[   ] 황제펭귄이 알을 낳고 먹이를 찾아 떠나면, ❹[   ] 황제펭귄이 새끼를 양육함.

● 동물에 관한 여러 속담들을 알아봅시다.

속담 닭 쫓던 개 지붕만 쳐다본다

뜻 애쓰던 일이 실패로 돌아가거나 남보다 뒤떨어져 어찌할 도리가 없다는 말.

속담 소 잃고 외양간 고친다

뜻 일이 이미 잘못된 뒤에는 손을 써도 소용이 없다는 말.

속담 원숭이도 나무에서 떨어진다

뜻 아무리 익숙하고 잘하는 사람도 때로 실수할 수 있다는 말.

속담 하룻강아지 범 무서운 줄 모른다

뜻 철없이 함부로 덤비는 경우를 이르는 말.

1 다음과 같은 상황에서 쓰기에 알맞은 속담을 [보기]에서 찾아 기호를 쓰시오.

보기

㉠ 닭 쫓던 개 지붕만 쳐다본다　　　㉡ 소 잃고 외양간 고친다
㉢ 원숭이도 나무에서 떨어진다　　　㉣ 하룻강아지 범 무서운 줄 모른다

(1) 열심히 준비하던 체육대회가 비가 와서 취소되었을 때 (　　　　　)

(2) 바둑을 배운 지 한 달 된 사람이 바둑 기사와 바둑을 겨뤄서 이길 수 있다고 으스댈 때

(　　　　　)

memo

잘 읽고 잘 배웠나? ✓표를 해 보자.

- 기억나는 개념이나 지식이 있나요? ✓
- 읽으면서 새롭게 알게 된 사실이 있었나요? ☐
- 이해하기 힘들었던 부분이 있었나요? ☐
- 무엇이 가장 중요했는지 이야기할 수 있나요? ☐
- 잘 모르는 부분은 몇 번이고 더 읽고 알기 위해 애썼나요? ☐
- 그럼, 다음에는 어떤 책을 읽고 싶은지 정했나요? ☐

책 한 권을 읽고 마지막 페이지를 덮은 뒤
그대로 가만히 있으면
여운이라는 게 남아

남의 말소리가 들리고, 내 말소리가 들리고
두런두런 소리들이 책을 덮고 나서도
내 귀를 간질이지.

그 좋은 느낌이란!

찐 천재님들의
거짓없는 솔직 후기

※ 상기 내용은 변동될 수 있으며, 자세한 내용은 QR코드 페이지를 참고해주세요.

천재교육 도서의 사용 후기를 남겨주세요!

이벤트 혜택

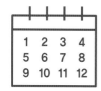

매월

100명 추첨

상품권 5천원권

이벤트 참여 방법

STEP 1
온라인 서점 또는 블로그에 리뷰(서평) 작성하기!

STEP 2
왼쪽 QR코드 접속 후 작성한 리뷰의 URL을 남기면 끝!

뭘 좋아할지 몰라 다 준비했어♥
전과목 교재

전과목 시리즈 교재

● 무등생 해법시리즈
- 국어/수학   1~6학년, 학기용
- 사회/과학   3~6학년, 학기용
- 봄·여름/가을·겨울   1~2학년, 학기용
- SET(전과목/국수, 국사과)   1~6학년, 학기용

● 똑똑한 하루 시리즈
- 똑똑한 하루 독해   예비초~6학년, 총 14권
- 똑똑한 하루 글쓰기   예비초~6학년, 총 14권
- 똑똑한 하루 어휘   예비초~6학년, 총 14권
- 똑똑한 하루 한자   예비초~6학년, 총 14권
- 똑똑한 하루 수학   1~6학년, 학기용
- 똑똑한 하루 계산   예비초~6학년, 총 14권
- 똑똑한 하루 사고력   1~6학년, 학기용
- 똑똑한 하루 도형   예비초~6학년, 단계별
- 똑똑한 하루 사회/과학   3~6학년, 학기용
- 똑똑한 하루 봄/여름/가을/겨울   1~2학년, 총 8권
- 똑똑한 하루 안전   1~2학년, 총 2권
- 똑똑한 하루 Voca   3~6학년, 학기용
- 똑똑한 하루 Reading   초3~초6, 학기용
- 똑똑한 하루 Grammar   초3~초6, 학기용
- 똑똑한 하루 Phonics   예비초~초등, 총 8권

● 독해가 힘이다 시리즈
- 초등 문해력 독해가 힘이다 비문학편   3~6학년
- 초등 수학도 독해가 힘이다   1~6학년, 학기용
- 초등 문해력 독해가 힘이다 문장제수학   1~6학년, 총 12권

영어 교재

● 초등영어 교과서 시리즈
- 파닉스(1~4단계)   3~6학년
- 영단어(1~4단계)   3~6학년, 학년용
● LOOK BOOK 영단어   3~6학년, 단행본
● 원서 읽는 LOOK BOOK 영단어   3~6학년, 단행본

국가수준 시험 대비 교재

● 해법 기초학력 진단평가 문제집   2~6학년·중1 신입생, 총 6권

정답과 풀이

초등 문해력
독해가
힘이다

비문학편

3단계 A 3~4학년

천재교육

정답과 풀이
포인트 3가지

▶ 주차별 주요 문해 기술 요약 정리

▶ 독해력 향상에 꼭 필요한 해설과 도움말 제시

▶ 혼자서도 이해할 수 있는 독해 문제 풀이

정답과 풀이

10~11쪽　　　　　　　　　　　　확인 문제

1 (1) 그림은 사각형입니다.　　　2 ㉡
　(2) 고인돌은 유물입니다.
　(3) 법은 약속입니다.
　(4) 김치는 음식이다.

1 문장에서 주어와 서술어만 찾아 남깁니다.
　(1) 벽에 걸린 <u>그림은</u>(주어) <u>사각형입니다.</u>(서술어)
　(2) <u>고인돌은</u>(주어) 청동기 시대에 만들어진 <u>유물입니다.</u>(서술어)
　(3) <u>법은</u>(주어) 모두가 지켜야 하는 <u>약속입니다.</u>(서술어)
　(4) 우리가 즐겨 먹는 <u>김치는</u>(주어) 조상의 슬기가 담긴 <u>음식이다.</u>(서술어)

2 '할아버지께서는'이 주어이고 '그리워하신다'가 서술어입니다. 주어 뒤에서 한 번 끊어 읽고, 서술어를 꾸며 주는 말 '몹시'는 서술어와 함께 붙여서 읽습니다.

○ **문장의 짜임이란?**

　주어, 서술어와 같이 중요한 문장 성분들이 모여 하나의 문장을 이루는 모양.

○ **문장의 짜임을 파악하며 읽는 방법은?**

　❶ 문장에서 주어와 서술어를 파악하며 읽어요.
　❷ 주어나 서술어를 꾸며 주는 말은 주어 서술어와 함께 묶어서 읽어요.

12쪽　　　　　　　　　　　　문해력 연습

1 ③　　　　　　　　3 대표적인
2 개구리는 / 물속에서 / 삽니다.　　4 개구리는 / 대표적인 양서류입니다.

1 '무엇은'에 해당하는 말이 주어이고 '어찌하다'에 해당하는 말은 서술어입니다.

　<u>개구리는</u> 물속에서 <u>삽니다.</u>
　(무엇은)　　　　　　(어찌하다)

2 '개구리는(주어) 물속에서(어디에서) 삽니다(서술어)'의 짜임을 가진 문장이므로 주어 뒤에서, 서술어 앞에서 끊어 읽을 수 있습니다.

3 서술어는 '양서류입니다'입니다. 어떠한 양서류인지 꾸며 주는 말은 문장에서 '대표적인'입니다.

4 주어가 '개구리는'이므로 '개구리는' 뒤에서 끊어 읽을 수 있습니다.

　<u>개구리는</u> / 대표적인 <u>양서류입니다.</u>
　(주어)　　　　　　(서술어)
　　　└─ (꾸며 주는 말) ─┘

주어와 서술어를 중심으로 문장을 읽으면 문장의 의미가 보다 분명해져요!

13쪽 배경지식의 힘

1 ⓛ ✓	2 ㉠ ✓
3 ㉠ ✓	4 ㉠ ✓

▶ 동영상 제목: 어린이 보호 구역에 대해 알아볼까요?

1 어린이 보호 구역이란 자동차로부터 어린이를 보호하기 위하여 법으로 정한 지역입니다.

4 어린이 보호 구역에서 자동차는 시속 30킬로미터 이하로 달려야 합니다.

15~16쪽 비문학 독해

1 ④	2 (3) ○
3 어린이 보호 구역은, 지역이에요, ③	
4 ④	5 (2) ○
6 ③	7 법

📖 글 제목: 어린이 보호 구역

1 '무엇이'에 해당하는 말인 주어는 '자동차는'이고, '무엇이다'에 해당하는 말인 서술어는 '필수품이에요'입니다.

2 주어나 서술어를 꾸며 주는 말은 주어나 서술어와 함께 묶어서 끊어 읽습니다.

3 어린이 보호 구역이 무엇인지에 대하여 설명하는 문장입니다.

4 어린이는 어른에 비해 갑자기 일어나는 위험 상황에 대처하기가 힘들기 때문에 각종 교통사고로부터 어린이를 보호하기 위한 여러 가지 제도나 법 등이 만들어졌습니다.

5 어린이 보호 구역은 유치원, 초등학교 등의 주변 도로에서 어린이를 보호하기 위하여 정한 지역입니다.

6 어린이 보호 구역에서 자동차는 시속 30킬로미터 이하로 달려야 합니다.

7 어린이 보호 구역은 법으로 정해져 있기 때문에 꼭 지켜야 합니다.

17쪽 독해의 힘

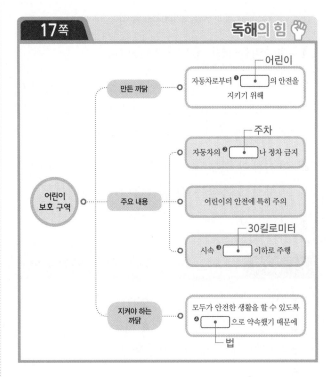

① 어린이 보호 구역은 자동차로부터 어린이의 안전을 지키기 위해 만들었습니다.

③ 어린이 보호 구역에서 자동차는 시속 30킬로미터 이하로 달려야 합니다.

④ 어린이 보호 구역을 모두가 지킬 수 있도록 법으로 지정하였습니다.

18쪽 어휘의 힘

1 (1) 2 (2) 소균, 지영, 영호, 수정
　(3) 1 (4) 정화, 지수

1 (1) '11살 이상'은 11살을 포함하여 그 위의 나이를 말합니다.
　(3) '8살 미만'은 8살을 포함하지 않고 그 아래의 나이를 말합니다.

19쪽 배경지식의 힘 ✊

1 ㉠ ✓   2 ㉠ ✓
3 ㉠ ✓   4 ㉡ ✓

▶ 동영상 제목: **물과 땅을 오가며 사는 양서류**

1 개구리는 물속에 알을 낳습니다.

2 올챙이는 물속에 살며 아가미로 호흡을 하다가 개구리나 두꺼비, 도롱뇽이 되면 육지에서 살며 허파와 피부로 호흡을 합니다.

4 양서류의 피부는 미끄럽고 끈적한 점액이 있어 피부로 호흡하는 것을 돕습니다.

21~22쪽 비문학 독해

1 ④   2 ①
3 ③   4 ③
5 (1) 개구리 (2) 개구리 (3) 올챙이
6 (나)

📖 글 제목: **개구리의 한살이**

1 ㉠ 문장에서 주어는 '점이'이고, 이것을 꾸며 주는 말은 '까만'입니다.

2 ㉡ 문장에서 주어는 '올챙이는'입니다.

3 ㉢ 문장에서 주어는 '개구리는'입니다. 이 문장에는 이어 주는 말인 '그래서'가 사용되었습니다.

4 올챙이는 물속에서 살면서 아가미로 숨을 쉽니다. 올챙이가 자라서 개구리가 되면 폐나 피부로 숨을 쉬게 됩니다.

5 긴 혀를 이용하여 작은 벌레를 잡아먹는 것은 개구리이고, 올챙이는 작은 물풀을 뜯어 먹으며 삽니다.

6 개구리의 알이 부화하여 올챙이가 되고, 올챙이가 자라서 개구리가 되고, 개구리가 다시 알을 낳는 개구리의 한살이를 중심으로 정리하는 것이 좋습니다.

23쪽 독해의 힘 ✊

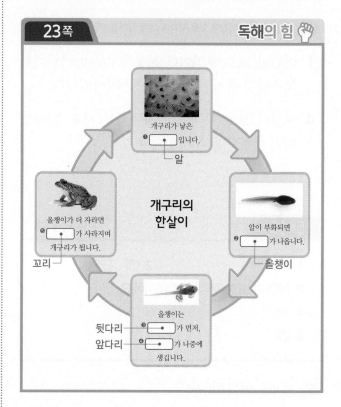

개구리가 낳은 ① [　] 입니다. 알

올챙이가 더 자라면 ⑤ [　] 가 사라지며 개구리가 됩니다. 꼬리

개구리의 한살이

알이 부화되면 ② [　] 가 나옵니다. 올챙이

올챙이는 뒷다리 ③ [　] 가 먼저, 앞다리 ④ [　] 가 나중에 생깁니다.

① 개구리의 알은 조금 투명한 공 모양으로 안에 까만 점이 있습니다.

③~④ 올챙이는 뒷다리가 먼저 나오고 나중에 앞다리가 나옵니다.

24쪽 어휘의 힘 ✊

1 (3) ○   2 정재

1 '우물 안 개구리'는 생각이 깊지 않아 저만 잘난 줄로 아는 사람을 비꼬는 속담입니다.

2 '개구리 올챙이 적 생각 못 한다'는 지난날의 부족하고 어렵던 때의 일을 생각지 아니하고 처음부터 잘난 듯이 뽐냄을 비유적으로 이르는 속담입니다.

25쪽 **배경지식의 힘** ✊

1 ㉠ ✓   2 ㉠ ✓
3 ㉠ ✓   4 ㉠ ✓

▶ 동영상 제목: 신석기 시대에는 어떤 옷을 입었을까요?

2 구석기 시대 사람들은 나무에서 열매를 따거나 사냥을 해서 살았지만 신석기 시대 사람들은 농사를 짓기 시작했습니다.

4 신석기 시대 사람들은 조개껍데기나 동물의 뼈로 몸을 치장하기도 하였습니다.

27~28쪽 **비문학 독해**

1 ④   2 ①
3 (1) 사람들은 (2) 생각했어요
4 ④   5 (1) ○
6 농사

▤ 글 제목: 신석기 시대의 생활

1 ㉠ 문장의 서술어는 '얻었어요'로 '어찌하다'에 해당합니다. '중학생이다', '선생님이시다'는 '무엇이다'에 해당하고, '맛있다', '친절하다'는 '어떠하다'에 해당합니다. '어찌하다'에 해당하는 것은 ④의 '발표하였다'입니다.

2 ㉡ 문장에서 주어는 '사람들은'입니다.

3 '-은, -는, -이, -가'와 같은 말이 붙은 주어를 찾아봅니다. 주어는 '사람들은'이고, 서술어는 '생각했어요'입니다.

4 신석기 시대 사람들은 돌을 날카롭게 갈아서 만든 간석기를 사용하였습니다.

5 신석기 시대에는 겉면에 빗살무늬를 새겨 넣은 빗살무늬 토기를 사용하였습니다.

6 신석기 시대에 농사를 짓기 시작하면서부터 사람들은 한곳에 모여 움집을 짓고 살았습니다. 농작물의 양이 늘어나 곡식을 저장하면서 겨울에 굶는 일이 줄어들었고 남는 곡식을 담아 둘 그릇도 만들게 되었습니다.

29쪽 **독해의 힘** ✊

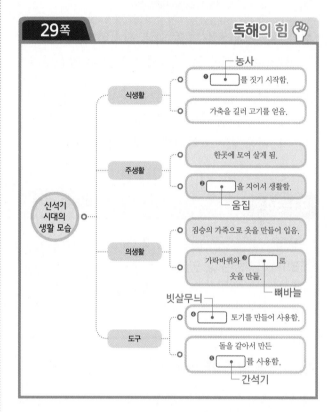

① 신석기 시대에 농사를 짓기 시작하였습니다.

② 신석기 시대 사람들은 강가나 바닷가에 집터를 잡고 움집을 짓고 살았습니다.

⑤ 돌을 날카롭게 갈아서 사용하면 고기를 자르거나 농사를 짓기가 훨씬 편합니다.

30쪽 **어휘의 힘** ✊

1 날씨   2 ③

2 '기후'는 일정한 지역에서 여러 해에 걸쳐 나타나는 평균적인 날씨를 뜻하는 말이므로 '내일은 날씨가 오늘보다 좋을 것이다.'로 표현하는 것이 알맞습니다.

31쪽 **배경지식**의 힘

1 ㉠ ✓	**2** ㉡ ✓
3 ㉠ ✓	**4** ㉡ ✓

▶ 동영상 제목: 김치에 대해 알아볼까요?

2 김치는 채소를 겨울 내내 싱싱한 상태로 보존시켜 주는 조상들의 지혜라고 할 수 있습니다.

4 계절마다 많이 나는 재료를 사용하여 봄에는 나박김치, 여름에는 열무김치, 가을에는 배추김치, 겨울에는 동치미를 주로 만들어 먹습니다.

33~34쪽 비문학 독해

1 ⑤	**2** ③
3 (1) 아리랑은 (2) 민요야	
4 ③	**5** 수입
6 진서	

📄 글 제목: 김치가 중국 것이라고?

1 ㉠ 문장은 '무엇은 무엇이다' 짜임의 문장입니다. ⑤의 '보물은'이 '무엇은'에 해당하고, '곡식과 돈이었다'가 '무엇이다'에 해당합니다.

2 ㉡ 문장에서 주어는 '사람들은'이므로 알맞게 끊어 읽은 것을 찾아봅니다.

3 밑줄 그은 문장은 '무엇은 무엇이다' 짜임의 문장입니다. '무엇은'에 해당하는 '아리랑은'이 주어이고, '무엇이다'에 해당하는 '민요야'가 서술어입니다.

4 김치가 중국 것이라고 주장하는 중국 사람들이 많아졌습니다.

5 '수출'과 뜻이 반대이고, 다른 나라에서 물건이나 기술을 우리나라로 사들인다는 뜻의 낱말은 '수입'입니다.

6 잘못된 정보를 전달하는 누리 소통망이나 단체가 있다면 댓글을 쓰거나 이메일을 보내서 무엇이 잘못되었는지 알려 주는 것이 좋습니다.

35쪽 **독해**의 힘

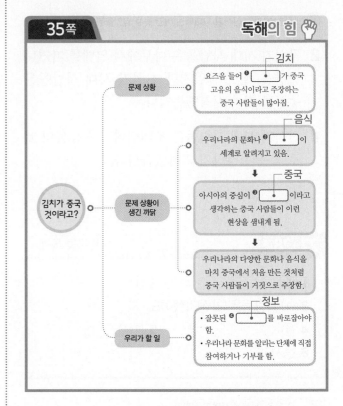

① 김치가 인기가 높아지면서 김치를 중국 고유의 음식이라고 주장하는 중국 사람들이 많아지는 문제 상황이 나타나 있습니다.

② 우리나라의 문화가 다른 나라에서 인기가 높아지면서 덩달아 우리나라 음식에 대한 인기도 높아지고 있습니다.

36쪽 **어휘**의 힘

1 (2) ○	**2** (1) ② (2) ①

2 '손을 놓다'는 하던 일을 그만두거나 잠시 멈춘다는 뜻이고, '손이 맵다'는 손으로 슬쩍 때려도 몹시 아프다는 뜻입니다.

41쪽 확인 문제

1 (1) ㉠ 한복
　　㉡ 한복은 어떤 옷일까? 한복의 특징은 무엇일까? 등
　(2) ㉠ 발효 식품
　　㉡ 발효 식품의 좋은 점은 무엇일까? 발효 식품은 무엇이 있을까? 등

1 핵심어는 그 문장이나 글에서 가장 중요하다고 생각되는 말입니다. '무엇은 무엇이다'와 같은 형식의 문장에서 핵심어는 주로 '무엇은'에 해당하는 주어가 됩니다.

42쪽 문해력 연습 🏠

1 (1) 소화기, 소화기 사용법 등
　(2) 수화
　(3) 인터넷 실명제
2 (1) 보부상　(2) 철새
　(3) 화폐　(4) 갯벌

3 (1) 화폐, 상평통보 등
　(2) 고령화, 고령화 사회,
　　고령 사회, 초고령 사회 등

1 글의 제목은 글 내용을 대표하여 짓는 이름이므로 그 글의 핵심어가 무엇일지 짐작할 수 있습니다.

글의 제목	짐작할 수 있는 글 내용	핵심어
소화기를 사용하는 방법	소화기 사용 방법에 대해 알려 주는 글	소화기
손과 표정으로 말해요, 수화	수화에 대해 설명하는 글	수화
인터넷 실명제가 필요할까?	인터넷 실명제가 꼭 필요한 제도인지 자신의 생각을 주장하는 글	인터넷 실명제

2 '무엇은 무엇이다', '무엇은 어찌하다', '무엇은 어떠하다'와 같은 형식의 문장에서 주어 역할을 하는 '무엇'이 핵심어에 해당하는 경우가 많습니다.

3 핵심어는 문장이나 글에서 중요하다고 생각되는 말입니다. 문장과 글에서 핵심어는 무엇을 중심으로 설명하는지에 따라 결정되지만 글을 읽는 목적이나 읽는 이가 알고 있는 지식에 따라 자신이 중요하다고 생각하는 핵심어는 조금씩 다를 수 있습니다.

이 주의
문해 기술 정리하기

○ **핵심어란?**
그 문장이나 글에서 가장 중요한 말.

○ **핵심어를 찾는 방법은?**
❶ 글의 제목을 보고 핵심어를 찾을 수 있어요.
❷ 문장에서 중요한 말을 찾아 핵심어를 찾을 수 있어요.

○ **핵심어를 찾아 글을 읽으면 좋은 점**
❶ 문장이나 글에서 중요한 부분을 금방 찾을 수 있어요.
❷ 문장이나 글의 내용을 보다 분명하게 기억할 수 있어요.
❸ 글을 읽을 때 무엇을 중심으로 읽어야 할지 정할 수 있어요.

핵심어를 찾으면 그 글이 어떤 내용이고 또 어떤 점이 중요할지 알 수 있어요.

43쪽 　배경지식의 힘 ✊

1 ⓒ ✓　　　　2 ㉠ ✓
3 ㉠ ✓　　　　4 ㉠ ✓

▶ 동영상 제목: 숨 막히는 도시, 그 원인은 무엇일까요?

1 대기 오염의 주된 원인은 자동차 매연입니다.

2 자동차 배기 가스에서 나오는 미세 먼지, 이산화 질소, 아황산 가스가 사람에게 나쁜 영향을 미친다고 하였습니다.

3 자동차 매연은 소아 비만과는 관련이 없습니다.

45~46쪽 　비문학 독해

1 (3) ○　　　　2 ③
3 재하　　　　4 탄소
5 ①　　　　6 ④
7 태현

📖 글 제목: 대기 오염을 줄이는 친환경 자동차

1 친환경 자동차에 대하여 설명하는 글이므로 '친환경 자동차'가 핵심어라는 것을 알 수 있습니다. 제목이 긴 경우에는 설명하는 대상을 나타내는 낱말이 무엇인지 살펴봅니다.

2 ㉢ 문장의 핵심어는 '하이브리드 자동차'입니다.

3 수소 자동차가 친환경 자동차로 불리는 까닭에 대하여 생각하며 글을 읽는 것이 알맞습니다.

4 대기 오염의 주된 원인으로 꼽히는 자동차의 탄소 배출을 줄이기 위하여 친환경 자동차에 대한 관심이 높아지고 있습니다.

5 하이브리드 자동차는 화석 연료와 전기를 동시에 연료로 사용하기 때문에 일반 자동차에 비해 연료가 적게 듭니다.

6 수소 자동차는 물을 남은 공기와 함께 대기 중으로 내보냅니다.

7 대기 오염과 관련된 내용이나 친환경 자동차와 관련된 내용을 생각할 수 있습니다.

47쪽 　독해의 힘 ✊

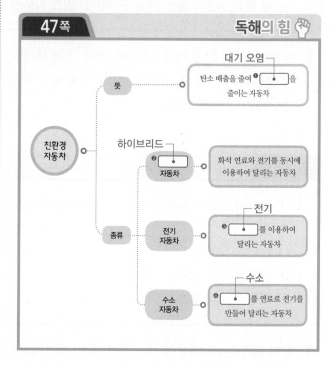

❶ 친환경 자동차는 환경 오염을 줄이기 위한 자동차로, 자동차의 탄소 배출을 줄인 자동차를 말합니다.

❸ 전기 자동차는 배터리에서 공급되는 전기를 이용하여 달리는 자동차입니다.

❹ 수소 자동차는 수소와 산소를 반응시켜서 이때 만들어진 전기 에너지로 달리는 자동차입니다.

48쪽 　어휘의 힘 ✊

1 (1) 예 덜 익은 (2) 예 잘하는 사람
2 ①

2 '껍질'은 접두사나 접미사가 붙은 말이 아니라 '물체의 겉을 싸고 있는 단단하지 않은 물질.'이라는 뜻의 낱말입니다.

49쪽 — 배경지식의 힘

1 ㉠ ✓	**2** ㉠ ✓
3 ㉡ ✓	**4** ㉡ ✓

▶ 동영상 제목: 미세 먼지, 제대로 정복해 보자!

1 미세 먼지는 자동차나 공장, 가정 등에서 석탄이나 석유가 연소되면서 배출된 인위적인 오염 물질입니다.

2 미세 먼지는 알갱이 하나하나의 크기와 모양이 일정한 고체입니다.

4 미세 먼지에 대처하기 위해서는 창문을 닫고 외출을 삼가는 것이 좋습니다.

51~52쪽 — 비문학 독해

1 (1) ○	**2** ①
3 삼한사온, 추운, 따뜻한, 삼한사미	
4 ⑤	**5** ①
6 가은	

📖 글 제목: 삼한사온? 이제는 삼한사미!

1 제목을 통해 글의 중심 글감이 삼한사미임을 짐작할 수 있습니다.

2 ㉠과 ㉡ 문장은 '무엇은 무엇이다' 짜임의 문장으로 주어가 어떠한 뜻을 가진 말인지 설명하는 문장입니다.

3 글에서 '삼한사온'의 뜻과 '삼한사미'의 뜻을 찾아봅니다.

4 '삼한사온'과 '삼한사미' 모두 우리나라 겨울철 날씨와 관련된 말입니다.

5 우리나라 겨울철 날씨는 시베리아 기단의 영향을 많이 받습니다.

6 미세 먼지 농도가 높아지는 현상이 심해진다는 내용을 설명하며 대기 오염 물질을 줄이고 미세 먼지로부터 건강을 지키기 위하여 노력하자는 말을 하고 싶어 한다는 것을 알 수 있습니다.

53쪽 — 독해의 힘

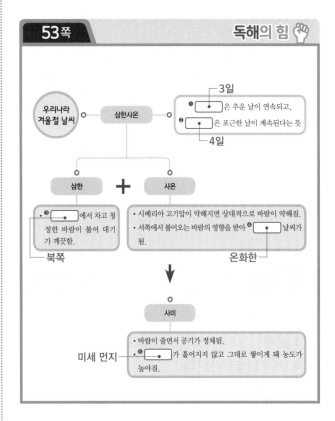

❶~❷ '삼한사온'은 겨울철 3일은 추운 날이 연속되고, 4일은 포근한 날이 계속된다는 뜻입니다.

❹ '사온'에 해당하는 날에는 시베리아 고기압이 약해지면서 서쪽에서 불어오는 바람의 영향을 받아 온화한 날씨가 됩니다.

54쪽 — 어휘의 힘

1 ③	**2** (3) ×

1 '꽃샘추위'는 이른 봄, 꽃이 필 무렵의 추위를 뜻하는 말로 봄과 관련된 낱말입니다.

2 '무더위'는 습도가 높아 찌는 듯 견디기 힘든 더위를 뜻하는 낱말입니다.

55쪽 배경지식의 힘

1 ㉡ ✓	2 ㉠ ✓
3 ㉣ ✓	4 ㉢ ✓

▶ 동영상 제목: **고인돌은 어떻게 만들어졌을까요?**

1 고인돌은 청동기 시대의 무덤입니다.

2 고인돌의 아랫부분에 놓인 돌을 받침돌, 윗부분에 놓인 돌을 덮개돌이라고 합니다.

3 고인돌은 인천광역시 강화도, 전라북도 고창, 전라남도 화순 지역에 많이 분포해 있습니다.

57~58쪽 비문학 독해

1 고인돌에 ○표   **2** ④
3 승환   **4** ①
5 (1) 받침돌 (2) 덮개돌
6 (1) 권력 (2) 상징 (3) 유적

📖 글 제목: **힘과 권력의 상징, 고인돌**

1 제시된 글은 고인돌에 대하여 설명하는 글로 중심 글감인 고인돌을 핵심어로 나타내어 제목을 지었습니다.

2 ㉠ 문장은 '무엇은 무엇이다' 짜임의 문장입니다. 이 문장에서 핵심어는 '청동기 시대'입니다.

3 ㉡ 부분은 고인돌의 주인이 권력을 가진 사람이라는 것을 짐작할 수 있는 까닭에 대하여 설명한 부분입니다.

4 전 세계 고인돌의 약 60% 이상이 한반도에 모여 있어서 우리나라는 '고인돌 왕국'이라고 불리기도 합니다.

5 고인돌의 바닥에 세운 돌을 '받침돌'이라고 하고, 받침돌 위에 올려 둔 돌을 '덮개돌'이라고 합니다. 덮개돌이 크고 무거울수록 무덤 주인의 권력이 컸을 것이라고 짐작할 수 있습니다.

6 낱말의 뜻을 알아 둡니다.

59쪽 독해의 힘

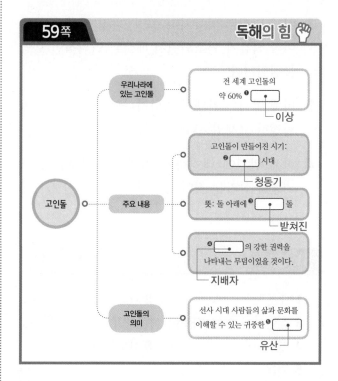

❸ '고인돌'은 '돌 아래에 받쳐진 돌'이라는 뜻을 가진 무덤입니다.

❹ 재산이 많고 힘이 있는 사람이 마을의 우두머리가 되어 각 마을의 지배자가 자신의 힘을 과시하기 위하여 고인돌을 크게 만들었습니다.

60쪽 어휘의 힘

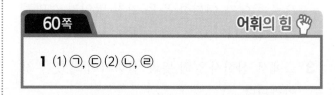

1 (1) ㉠, ㉢ (2) ㉡, ㉣

1 (1) 유물은 옛날 사람들이 쓰던 도자기, 무기, 장신구, 옷, 서적 등의 물건을 말합니다.
(2) 유적은 건축물이나 싸움터, 역사적인 사건이 벌어졌던 곳 등 형태가 크고 옮기기 어려운 것을 말합니다.

1 ㉠ ✓　　　　**2** ㉡ ✓

3 ㉡ ✓　　　　**4** ㉠ ✓

▶ 동영상 제목: **지구가 둥글다는 증거를 맞혀라!**

1 항구로 들어오는 배는 돛대부터 보이고, 처음에는 작다가 점점 큰 모습으로 보입니다.

3 배가 한 방향으로 계속 가다 보면 지구를 한 바퀴 돌아 다시 원래의 위치로 오게 됩니다.

4 지구가 둥글기 때문에 볼 수 있는 현상입니다.

63~64쪽 비문학 독해

1 (3) ○　　　　**2** ①

3 (2) ○

4 (1) ①, ③ (2) ②, ④

5 호민　　　　**6** 태양

📖 글 제목: **천동설과 지동설**

1 제시된 글은 천동설과 지동설, 갈릴레오 갈릴레이 등을 중심 글감으로 설명하는 글입니다.

2 천동설의 뜻에 대하여 설명하는 문장이므로 핵심어는 '천동설', '천동설의 뜻' 등이 됩니다.

3 제시된 천동설과 지동설의 뜻에 대하여 설명하고 어떤 이론이 옳다고 증명되었는지에 대하여 설명하는 글이기 때문에 글의 내용을 간추린 것으로는 (2)가 알맞습니다.

4 천동설에 따르면 별의 모양과 위치가 항상 일정해야 하는데, 별의 모양과 위치가 조금씩 바뀌는 것을 보고 코페르니쿠스가 지동설을 주장하게 되었습니다.

5 과학자들의 관측을 통해 지동설이 옳다는 것이 증명되었습니다.

6 갈릴레오 갈릴레이는 '지동설'을 주장하고 입증하였습니다.

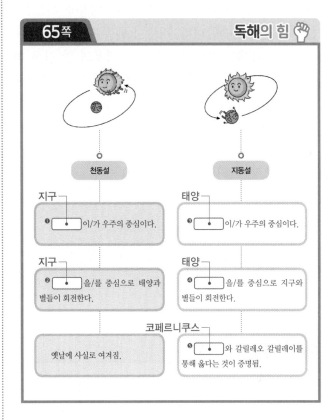

❶~❷ 천동설은 지구가 우주의 중심이고, 지구를 중심으로 태양과 별들이 회전한다고 생각한 이론입니다.

❸~❹ 지동설은 태양이 우주의 중심이고, 태양을 중심으로 지구와 별들이 회전한다고 생각한 이론입니다.

1 (1) ○

1 지소와 민우는 트리케라톱스 카드를 뽑는 것이 어렵다는 내용의 대화를 나누고 있으므로 '하늘의 별 따기'가 들어가는 것이 알맞습니다.

문해력 | 접속어에 주의하며 읽기

70쪽   확인 문제

1 (1) 그리고(또, 또한)　　(2) 그러나(하지만, 그렇지만)

　　(3) 그리고(또, 또한)　　(4) 그러나(하지만, 그렇지만)

1 (1) 울릉도가 우리나라 섬이라는 내용과 독도도 우리나라 섬이라는 내용은 비슷합니다. 비슷한 내용은 '그리고'로 이어 줍니다.

(2) 창밖에는 찬바람이 분다는 내용과 방 안은 따뜻하다는 내용은 반대되는 내용입니다. 반대되는 내용은 '그러나'로 이어 줍니다.

(3) 일기예보에서 비가 온다고 했고, 바람도 세차게 분다고 하였습니다. 비슷한 내용이므로 '그리고'로 이어 줍니다.

(4) '자장면을 좋아하지 않지만 탕수육은 좋아한다'는 반대되는 내용이므로 '그러나'로 이어 줍니다.

○ 접속어란?

문장과 문장 사이에서 그 의미가 보다 명확해지도록 연결해 주는 말. 이어 주는 말.

○ 접속어에 주의하며 읽는 방법은?

❶ '또, 그리고'가 쓰인 문장은 앞 내용과 비슷한 내용이 이어질 것이라고 짐작하며 읽어요.

❷ '그러나, 하지만'이 쓰인 문장은 앞 내용과 반대되는 내용이 이어질 것이라고 짐작하며 읽어요.

❸ '그래서'가 쓰인 문장은 앞서 일어난 일의 결과를 설명할 것이라고 짐작하며 읽어요.

❹ '왜냐하면'이 쓰인 문장은 까닭이나 원인을 설명할 것이라고 짐작하며 읽어요.

72쪽   문해력 연습

1 (1) 그래서 (2) 그리고 　　　**2** (1) ㉠ ○ (2) ㉡ ○

　　(3) 그러나 (4) 그리고　　　　　　　(3) ㉠ ○

1 (1) 먼 옛날에는 그림을 그릴 종이가 없었습니다. (원인)

　　＋ 그래서 ＋ 옛날 사람들은 동굴 벽에 그림을 새겼습니다. (결과)

(2) 3월 초가 되자 시냇가의 얼음이 녹기 시작했습니다.

　　＋ 그리고 ＋ 3월 중순에는 봄비가 내렸습니다. (비슷한 내용)

(3) 밭에서 배추를 키우는 사람은 농부입니다.

　　＋ 그러나 ＋ 배추를 도시에 파는 사람은 농부가 아닙니다.

　　　　　　　　　　　　　　　　　　　　　(반대되는 내용)

(4) 지진이 일어나면 책상 아래로 들어가 몸을 웅크립니다.

　　＋ 그리고 ＋ 흔들림이 멈출 때까지 기다려야 합니다. (비슷한 내용)

2 '그리고' 뒤에는 앞 문장과 비슷한 내용이 올 것이라고 짐작할 수 있고 '그러나' 뒤에는 앞 문장의 내용과 반대되는 내용이 이어질 것이라고 짐작할 수 있습니다. (3)에는 '왜냐하면'이 쓰였으므로 앞 문장에 대한 까닭이 이어질 것입니다.

> 접속어를 살펴보면 문장의 관계가 분명해지고 어떤 내용이 이어질지도 알 수 있어요!

73쪽 배경지식의 힘 👊

1 ㉠ ✓　　　　2 ㉡ ✓
3 ㉢ ✓　　　　4 ㉣ ✓

▶ 동영상 제목: **이 맛난 밥은 어디서 생산되어 내 식탁까지 왔을까?**

1 곡식과 채소는 주로 농촌에서 얻을 수 있다고 하였습니다.

2 버섯, 우유, 약초 등은 주로 산지촌에서 얻을 수 있다고 하였습니다.

3 해산물은 주로 어촌에서 얻을 수 있다고 하였습니다.

74~76쪽 비문학 독해

1 ②　　　　　　2 그러나 등
3 ④　　　　　　4 ㉣
5 (1) ① (2) ④　　6 ⑤
7 직거래　　　　8 ⑤

📖 글 제목: **유통 과정과 직거래**

1 '하지만'은 앞의 내용과 뒤의 내용이 서로 반대될 때 사용하는 접속어입니다.

2 '그러나', '그렇지만'을 쓸 수 있습니다.

3 '또'는 비슷한 내용이 더 나올 때 사용하는 접속어로, '그리고'로 바꾸어 쓸 수 있습니다.

4 '그래서' 앞의 내용이 원인, 뒤에 나오는 내용이 결과에 해당합니다. '왜냐하면'을 넣어 바꾸어 쓸 때에는 결과를 먼저 쓰고, '왜냐하면'으로 시작하는 원인을 쓰면 됩니다.

5 박흥부 씨가 밭농사로 고추와 상추를 수확하였으므로 '생산자', 총각네 채소 가게를 운영하는 홍길동 씨는 '소매상'입니다.

6 생산자가 생산한 것을 도매상이 사들이고, 도매상은 소매상에게 팝니다. 소비자는 소매상이 운영하는 가게에서 생산자가 생산한 것을 구입합니다.

7 중간 유통을 거치지 않고 생산자와 소비자가 직접 거래를 하는 방식을 '직거래'라고 합니다.

8 직거래 방식의 장점으로 도매상과 소매상의 이익이 커지는 것은 알맞지 않습니다.

77쪽 독해의 힘 👊

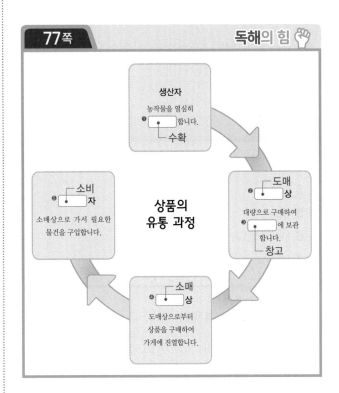

78쪽 어휘의 힘 👊

1 (1) 도매 (2) 경매 (3) 예매
2 ㉢

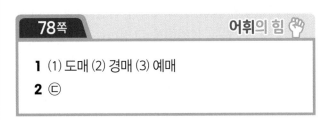

1 (1) 물건을 대량으로 구입한다고 하였으므로 '도매'가 어울립니다.

2 도매점에서 파는 물건은 소매점에서 파는 물건보다 개당 가격이 쌉니다.

79쪽 배경지식의 힘 ✊

1 ㉠ ✓
2 ㉢ ✓
3 ㉡ ✓
4 ㉣ ✓

▶ 동영상 제목: 여기는 산사태가 일어난 현장입니다.

1 산사태가 일어나면 땅에 있는 도로나 집에 큰 피해가 생깁니다.

2 나무가 적은 산에 폭우가 내리면 산사태가 일어날 위험이 있습니다.

4 무너질 위험이 있는 곳을 고정시킴으로써 산사태를 막을 수 있습니다.

80~82쪽 비문학 독해

1 ④
2 ⑤
3 ⑤
4 ⑤
5 ②
6 (1) 화재 (2) 태풍 (3) 지진
7 ④

📖 글 제목: 재난 시 행동 요령

1 '하지만'과 '그러나'는 반대되는 내용을 이어 줄 때 쓰는 접속어입니다.

2 태풍이 지나갈 때에는 강한 바람이 불기 때문에 바람에 날려 망가지거나 다른 사람을 다치게 할 수 있는 물건들을 고정하는 것이 좋습니다. 인과 관계로 볼 수 있으므로 '그래서'를 넣는 것이 자연스럽습니다.

3 태풍의 강한 바람에 대한 내용 다음에 비에 대한 내용이 나오고 있습니다. 이렇게 비슷한 내용이 이어질 때에는 '그리고'를 사용합니다.

4 '엘리베이터는 위험하다'와 '계단으로 대피해야 한다' 사이에는 '그래서'가 들어가야 합니다.

5 태풍, 지진, 화재 등의 재난 발생 시 행동 요령에 대해 설명한 글입니다.

6 화재 시에 연기를 마시지 않도록 주의하고, 태풍 시에 배수로를 정비합니다. 지진이 일어났을 때에는 흔들림이 멈출 때까지 머리를 보호하며 기다립니다.

7 불이 난 것을 보면 가장 먼저 "불이야! 불이야!" 하고 외칩니다.

83쪽 독해의 힘 ✊

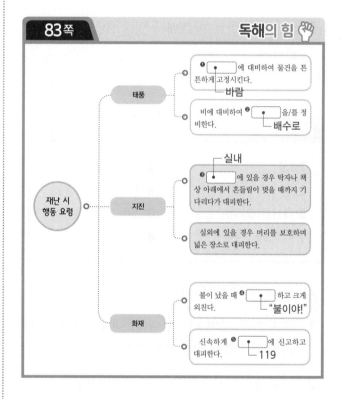

84쪽 어휘의 힘 ✊

1 (2) ○
2 (1) 안개 (2) 한파 (3) 대설

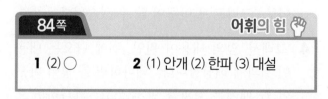

1 비가 많이 온다고 하였으니 (2)와 같이 대비하는 것이 좋습니다.

2 한파 주의보가 내려질 때에는 따뜻한 옷차림을 하는 것이 좋습니다.

85쪽 배경지식의 힘 👊

85쪽　　　　　　　　　　배경지식의 힘 👊

1 ㉡ ✔	2 ㉢ ✔
3 ㉡ ✔	4 ㉢ ✔

▶ 동영상 제목: 고구려 무덤에는 뭔가 특별한 것이 있다!

1 수산리 고분에는 묘주 행렬도가 있습니다.

2 고구려 귀족은 비단옷을 입었고, 하인을 데리고 다녔습니다.

3 안악 1호분 벽화를 통해 고구려 귀족은 큰 집에 기와를 얹었다는 점을 알 수 있습니다.

4 안악 3호분 벽화에 사냥을 하는 모습이 나타나 있지는 않습니다.

86~88쪽　　　　　　　　　　비문학 독해

1 ①, ④	2 ④
3 ②	4 ㉣
5 ③	6 수렵도
7 ①, ④	8 ①, ③

📖 글 제목: 고구려 벽화 이야기

1 빈칸 앞에 있는 내용은 뒤에 있는 내용의 원인 역할을 합니다.

2 '왜냐하면'과 '~ 때문입니다.'는 서로 호응하는 표현으로, 빈칸 뒤에 이어지는 문장이 앞 문장의 원인에 해당합니다.

3 '또'는 비슷한 내용이 나올 때 사용하는 접속어로, '또한'이나 '그리고'로 바꾸어 써도 뜻이 통합니다.

4 '하지만'은 서로 반대되는 내용일 때, '그래서'는 인과 관계일 때 사용하는 접속어입니다.

5 고구려의 벽화에 대해 설명하는 글입니다.

6 고구려 사람들이 사냥하는 모습을 그린 '수렵도'에 대한 설명입니다.

7 각저총의 씨름 벽화를 통해 고구려 사람들이 씨름을 했었다는 내용과 씨름의 역사가 고구려까지 거슬러 올라간다는 내용을 알 수 있습니다.

8 이 글에서는 무용총과 각저총에 그려진 벽화에 대해 설명하였습니다.

89쪽　　　　　　　　　　독해의 힘 👊

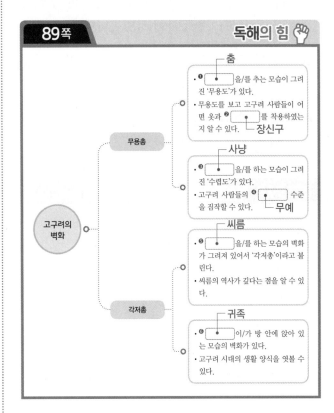

춤
• ❶ [　　　]을/를 추는 모습이 그려진 '무용도'가 있다.
• 무용도를 보고 고구려 사람들이 어떤 옷과 ❷ [　　　]를 착용하였는지 알 수 있다. └ 장신구

사냥
• ❸ [　　　]을/를 하는 모습이 그려진 '수렵도'가 있다.
• 고구려 사람들의 ❹ [　　　] 수준을 짐작할 수 있다. └ 무예

씨름
• ❺ [　　　]을/를 하는 모습의 벽화가 그려져 있어서 '각저총'이라고 불린다.
• 씨름의 역사가 깊다는 점을 알 수 있다.

귀족
• ❻ [　　　]이/가 방 안에 앉아 있는 모습의 벽화가 있다.
• 고구려 시대의 생활 양식을 엿볼 수 있다.

(고구려의 벽화 — 무용총 / 각저총)

❸ '수렵도'에는 사냥을 하는 모습이 나타나 있습니다.

90쪽　　　　　　　　　　어휘의 힘 👊

1 ㉢	2 (1) 깊은 (2) 깊었지만

1 ㉢의 '깊은'은 수준이 높거나 정도가 심하다는 뜻을 나타냅니다.

2 '생각이 깊은 사람', '밤이 깊었지만'과 같이 표현해야 알맞습니다.

91쪽 **배경지식의 힘** ✊

1 ㉠ ✓ **2** ㉡ ✓
3 ㉠ ✓ **4** ㉠ ✓

▶ 동영상 제목: **옛날 생활 도구 체험전**

1 나무, 풀 등을 베는 도구는 '낫'입니다.

2 다듬잇돌과 다듬잇방망이를 이용하여 옷이나 옷감을 두드려 반듯하게 하였습니다.

3 아궁이에 가마솥을 걸어서 물을 데우거나 밥을 짓는 데 사용하였습니다.

4 옛날 사람들은 절구를 이용하여 떡을 만들었습니다.

92~94쪽 **비문학 독해**

1 (2) ○ **2** ④
3 민수 **4** ③
5 ②
6 (1) ③, ⑤ (2) ④, ⑥ (3) ①, ②
7 온고지신

📖 글 제목: **우리 조상들이 쓰던 도구들**

1 일의 순서를 나타내는 부분이므로, '그리고'를 넣어 두 문장을 나눌 수 있습니다.

2 다듬잇돌과 다듬잇방망이로 잘 마른 빨래를 두드리는 까닭을 설명하는 문장이므로, '왜냐하면'으로 고치는 것이 알맞습니다.

3 글을 쓰기 위해 하는 일이 순서대로 나타나 있으므로 빈칸에는 '그리고'를 넣는 것이 글의 흐름에 알맞습니다.

4 '그러나'는 서로 반대되는 내용을 이어 주는 접속어입니다. 비슷한 뜻을 가진 '하지만'으로 바꾸어 쓸 수 있습니다.

5 볼펜은 오늘날의 사람들이 사용하는 물건입니다.

6 박 서방은 쟁기와 도리깨를 사용하였고, 최 부인은 인두와 다듬잇돌을 사용하였습니다. 김 선비는 벼루에 먹을 갈 때에 연적에 담아 둔 물을 부었습니다.

7 글의 끝부분에 나온 '온고지신'은 옛것을 바탕으로 새로운 것을 안다는 뜻을 가진 말입니다.

95쪽 **독해의 힘** ✊

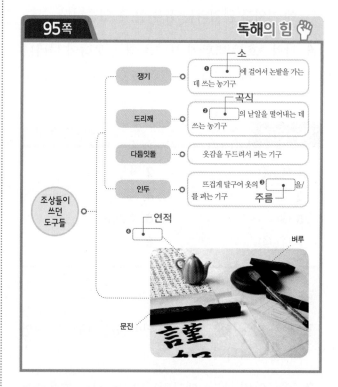

조상들이 쓰던 도구들

쟁기 ─○ **❶** [   ] 소 에 걸어서 논밭을 가는 데 쓰는 농기구

도리깨 ─○ **❷** [   ] 곡식 의 낟알을 떨어내는 데 쓰는 농기구

다듬잇돌 ─○ 옷감을 두드려서 펴는 기구

인두 ─○ 뜨겁게 달구어 옷의 **❸** [   ] 주름 을/를 펴는 기구

❹ [   ] 연적

벼루 / 문진

❹ 벼루에 넣을 물을 담는 '연적'입니다.

96쪽 **어휘의 힘** ✊

1 (2) ○ **2** 지수

2 '등잔 밑이 어둡다'는 가까이에 있는 것을 오히려 알아채기 어렵다는 뜻의 속담입니다.

100쪽 확인 문제

1 (1) ㉡ ○   (2) ㉡ ○

1 (1) 문단은 내용에 따라 나누어지는 글의 작은 토막이므로 글 내용이 바뀔 때 문단을 나누어 씁니다.

(2) 글에서 문단을 바꿀 때에는 줄을 바꾸고 앞부분을 비우고 씁니다. 앞부분을 비우고 쓰는 것을 들여쓰기라고 합니다.

들여쓰기

102쪽 문해력 연습 ✏️

1 ③	**3** ③
2 ㉢	**4** 모래사장, 다른 새의 둥지

1 글의 주요 내용은 거북은 모래사장에 알을 낳고 뻐꾸기는 다른 새의 둥지에 알을 낳는다는 것입니다. 즉 동물이 알을 낳는 곳에 대해 쓴 글입니다.

2 문단은 글의 내용이 바뀔 때 나누어집니다. 모래사장에 알을 낳는 거북에 대해 설명하다가 뻐꾸기가 알을 낳는 곳에 대해 설명하고 있으므로 ㉢ 부분에서 문단을 나누는 것이 알맞습니다.

3 중심 문장은 문단의 내용을 대표적으로 드러내어 주는 문장입니다. 두 번째 문단의 내용을 가장 잘 드러내 주는 문장은 '뻐꾸기는 다른 새의 둥지에 알을 낳습니다.'입니다.

4 글의 중심 문장을 모으면 글 내용을 쉽게 간추릴 수 있습니다. 거북은 모래사장에 알을 낳고 뻐꾸기는 다른 새의 둥지에 알을 낳습니다.

이 주의
문해 기술 정리하기

○ **문단이란?**
하나의 글에서 내용에 따라 나누어지는 글의 작은 토막.

○ **문단의 중심 문장과 뒷받침 문장이란?**
❶ 중심 문장: 문단의 중요한 내용을 잘 드러내는 문장
❷ 뒷받침 문장: 중심 문장의 내용을 자세하게 풀이해 주는 문장

○ **문단을 구분하며 읽으면 좋은 점**
❶ 글의 짜임과 구성을 생각하며 읽을 수 있어요.
❷ 중심 문장을 중심으로 글 내용을 간추리며 읽을 수 있어요.

문단의 중심 문장을 모으면 글 내용을 쉽게 간추릴 수 있어요!

4주 2일 사회 | 가족의 여러 형태를 알아볼까요?

103쪽 　　　　　　　　　배경지식의 힘

1 ㉠ ✔	**2** ㉠ ✔
3 ㉡ ✔	**4** ㉡ ✔

▶ 동영상 제목: 오늘날 새로운 가족의 형태를 알아볼까요?

1 '가슴으로 낳은 자식'은 입양한 자녀를 가리키는 말입니다.

2 한 부모 가족은 부모 중 한쪽이 돌아가셨거나 이혼하여 만들어지는 가정입니다.

3 할아버지, 할머니와 손자, 손녀가 함께 사는 가족을 일컬어 '조손 가족'이라고 합니다.

4 딩크(DINK)는 'Double Income No Kids'라는 뜻으로, 맞벌이를 하며 자녀를 가지지 않고 사는 부부를 의미합니다.

104~106쪽 　　　　　　　　　비문학 독해

1 ⑤	**2** ③
3 ③	**4** 확대
5 ④	
6 (1) 교류 (2) 일손 (3) 유대감	

▣ 글 제목: 가족의 여러 형태를 알아볼까요?

1 1문단의 중심 문장은 '이렇게 부부와 자녀 외에도 조부모 등의 가족 구성원이 함께 사는 가족을 '확대 가족'이라고 해.'입니다. 이 문장에서 얻을 수 있는 정보로 적절한 것은 확대 가족의 의미입니다.

2 2문단의 중심 문장은 '핵가족은 부부와 아직 결혼하지 않은 자녀만으로 이루어진 가족이야.'입니다.

3 ㉡은 문단의 중심 문장이고 ㉠과 ㉢은 ㉡을 설명해 주는 뒷받침 문장입니다.

4 자식들이 결혼해도 부모와 함께 사는 가족 형태는 확대 가족입니다.

5 오늘날에는 나라 간의 교류가 활발해져서 다른 민족을 만날 기회와 국제결혼이 늘어났다고 하였습니다.

6 (1) 문화 등 두 나라 사이에 서로 통하는 영역을 확대한다는 의미의 문장이므로 '교류'가 알맞은 낱말입니다.
(2) 일할 사람이 부족하다는 의미의 문장이므로 빈칸에 알맞은 낱말은 '일손'입니다.
(3) 가족 모임을 하며 서로 밀접하게 연결되어 있는 느낌을 느꼈다는 의미의 문장이므로 '유대감'이 알맞은 낱말입니다.

107쪽 　　　　　　　　　독해의 힘

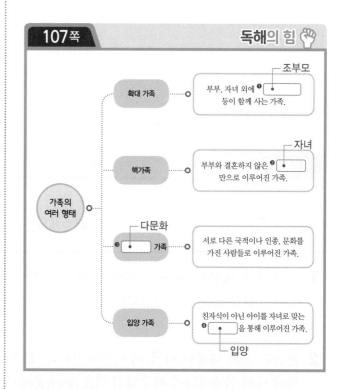

108쪽 　　　　　　　　　어휘의 힘

1 (2) ○	**2** 한솥

1 형제자매의 자식을 부르는 말은 '조카'입니다.

2 '이모'는 어머니의 여자 형제를 부르는 말입니다.

109쪽 **배경지식의 힘** 👊

1 ㉡ ✓	2 ㉠ ✓
3 ㉠ ✓	4 ㉡ ✓

▶ 동영상 제목: **자기 부상 열차: 공중을 달리다**

2 자석의 힘을 이용하여 공중에 떠서 달리기 때문입니다.

3 자기 부상 열차는 앞으로 나아가기 위하여 자석을 이용합니다.

4 자기 부상 열차를 운행하기 위해서는 차량을 공중에 띄운 후에 원하는 방향으로 움직여야 합니다.

110~112쪽 **비문학 독해**

1 ④	2 ④
3 (2) ○ (3) ○	4 ③
5 ②	6 소음
7 (1) ② (2) ①	

📖 글 제목: **미래의 교통수단**

1 1문단의 중심 문장은 '자율 주행 자동차는 운전자가 차량을 조작하지 않아도 스스로 목적지까지 가는 자동차입니다.'로 자율 주행 자동차가 무엇인지 설명하는 문장입니다.

2 2문단의 중심 문장은 '무인 자동 택시는 무인 운전 시스템을 이용하는 택시 형태의 소형 열차입니다.'로 이 문장을 통해 2문단이 무인 자동 택시에 관하여 설명하는 내용이라는 것을 알 수 있습니다.

3 ㉠과 ㉡은 자기 부상 열차에 관하여 설명하는 뒷받침 문장입니다.

4 미래에 이용할 수 있는 다양한 교통수단과 그 특징에 대해 설명한 글입니다.

5 미래에는 완전 자동화 단계에 이를 수 있을 것이라고 하였습니다.

6 마찰과 저항이 적어 소음이 적게 발생한다고 하였습니다.

7 (1) 자동차의 속력을 낮춰야 한다는 의미의 문장이므로 '감속'이 알맞습니다.

(2) 자동차와 마주하여 불어오는 바람의 영향을 적게 받는다는 의미의 문장이므로 '저항'이 알맞습니다.

113쪽 **독해의 힘** 👊

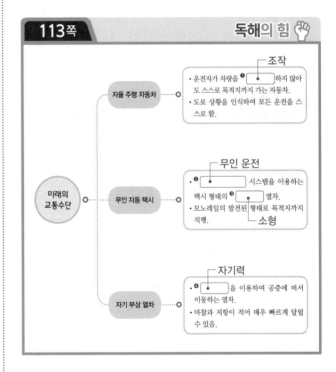

114쪽 **어휘의 힘** 👊

1 예 따뜻한	2 (1) 우 (2) 하

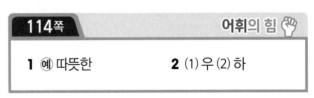

1 冷(찰 냉)과 반대되는 의미를 가진 溫(따뜻할 온)이 쓰인 단어이므로 '따뜻한 기운'이라는 뜻이 됩니다.

2 (1) 左(왼 좌)와 반대되는 뜻을 가진 한자는 右(오른 우)입니다.

(2) 上(위 상)과 반대되는 뜻을 가진 한자는 下(아래 하)입니다.

1 ㉠ ✓   **2** ㉠ ✓

3 ㉡ ✓   **4** ㉠ ✓

▶ 동영상 제목: 신라의 천년 수도, 경주의 모습은 어떨까요?

2 경주 석굴암은 통일 이후 신라의 대표적인 절로 빼어난 균형미와 건축미를 자랑합니다.

3 첨성대는 신라 선덕여왕 때 만들어진 별을 관찰하는 천문대입니다.

4 높이 80m의 큰 목탑이 있었으나 고려 때 몽골의 침입으로 불타 없어졌습니다.

1 ④   **2** ①

3 (1) ① (2) ②   **4** ③

5 ⑤   **6** 우성

📖 글 제목: 삼국 통일과 신라

1 1문단의 중심 문장은 '648년 신라와 당나라는 나·당 연합을 맺었어.'입니다.

2 2문단은 나·당 연합군의 공격에 패배한 백제가 사비성을 함락당해 660년 멸망했다는 내용이므로 소제목으로는 '백제의 멸망'이 어울립니다.

3 중심 문장은 문단의 중요한 내용을 드러내는 문장이고, 뒷받침 문장은 중심 문장의 내용을 자세하게 풀이해 주는 나머지 문장입니다.

4 고구려가 멸망한 이후 연합했던 신라와 당나라 사이에 전쟁이 일어났습니다.

5 백제와 고구려를 멸망시키는 과정에서 당나라가 약속과 달리 한반도 전체를 지배하려는 야심을 보였기 때문에 신라와 당나라 사이에 전쟁이 일어났습니다.

6 '의의'는 어떤 사실이나 행위 따위가 갖는 중요성이나 가치를 뜻하는 낱말이고, '한계'는 능력이나 책임 등이 실제 작용할 수 있는 범위를 뜻하는 낱말입니다.

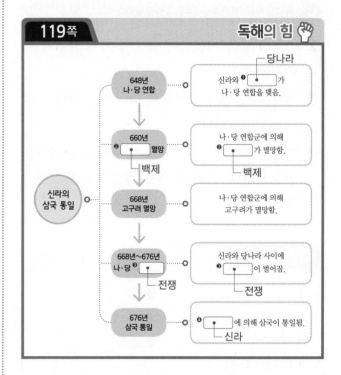

② 660년에 나·당 연합군의 공격에 백제는 사비성을 함락당해 멸망했습니다.

③ 668년부터 676년까지 신라와 당나라 사이에 일어난 전쟁을 나·당 전쟁이라고 합니다.

④ 신라는 나·당 전쟁에서 승리를 거두어 삼국을 통일하였습니다.

1 (2) ○   **2** 수빈

1 '난공불락'은 공격하기가 어려워 쉽사리 함락되지 않는다는 뜻의 사자성어입니다.

2 '산전수전'은 온갖 고생과 어려움을 다 겪었음을 이르는 말입니다.

배경지식의 힘 👊

1 ㉠ ✓	**2** ㉡ ✓
3 ㉠ ✓	**4** ㉠ ✓

▶ 동영상 제목: **캥거루의 특별한 점을 찾아보세요!**

2 캥거루는 개나 고양이와 달리 성장이 완전히 끝나지 않은 새끼를 낳기 때문에 배 아래 주머니에서 새끼를 키웁니다.

3 갓 태어난 캥거루의 새끼는 약 2cm 정도 크기입니다.

4 캥거루는 태반이라고 하는 새끼를 감싸는 주머니가 없기 때문에 갓 태어난 새끼는 작고 연약합니다.

123~124쪽 **비문학 독해**

1 ①	**2** (1) ① (2) ②
3 ②	**4** ③
5 탁란	**6** ①
7 (1) 양육 (2) 보충	

📖 글 제목: **동물들의 독특한 육아**

1 문단의 중요한 내용을 드러내는 중심 문장은 ㉠이고, ㉡과 ㉢은 중심 문장의 내용을 자세하게 풀이해 주는 뒷받침 문장입니다.

2 2문단의 중심 내용은 뻐꾸기가 '탁란'의 방법으로 육아를 한다는 내용입니다.

3 3문단의 중심 문장은 '펭귄과 동물 중 가장 몸집이 큰 황제펭귄은 아빠가 새끼를 지극정성으로 양육해요.'입니다.

4 새끼 캥거루는 엄마 캥거루의 배 아래 주머니에서 보살핌을 받습니다.

5 '탁란'은 다른 종류의 새 둥지에 알을 낳아 그 새가 대신 품어 기르도록 하는 것입니다.

6 황제펭귄은 다른 황제펭귄과 무리를 지어 몸을 밀착해 체온을 유지하면서 알을 품습니다.

독해의 힘 👊

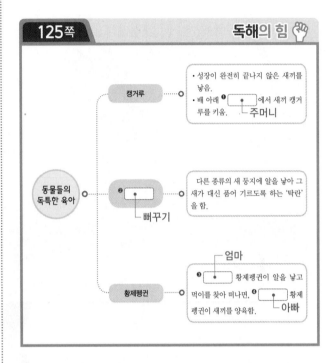

❶ 캥거루는 성장이 완전히 끝나지 않은 새끼를 낳기 때문에 배 아래 주머니에서 새끼 캥거루를 키웁니다.

❷ 뻐꾸기는 다른 새의 둥지에 알을 낳아 그 새가 대신 품어 기르도록 합니다.

❸~❹ 엄마 황제펭귄이 알을 낳고 먹이를 찾아 넓은 바다로 나가면 아빠 황제펭귄이 새끼를 양육합니다.

어휘의 힘 👊

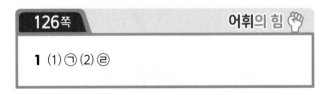

1 '하룻강아지 범 무서운 줄 모른다'는 철없이 함부로 덤비는 경우를 이르는 말이고, '닭 쫓던 개 지붕만 쳐다본다'는 애쓰던 일이 실패로 돌아가거나 남보다 뒤떨어져 어찌할 도리가 없다는 말입니다.

재미있는 속담

「똑똑한 하루 어휘」 3단계 발췌

 태어난 지 얼마 안 된 강아지를 '하룻강아지'라고 해요. '범'은 호랑이를 말하지요. 태어난 지 얼마 안 되었으니 호랑이가 얼마나 무서운지 하룻강아지는 알 수가 없겠지요? 이처럼 하룻강아지 범 무서운 줄 모른다는 상대를 잘 알아보지 못하고 철없고 겁 없이 덤비는 것을 이르는 속담이랍니다.

memo

정답은
이안에
있어!

수학 전문 교재

●연산 학습

빅터연산	예비초~6학년, 총 20권
창의융합 빅터연산	예비초~4학년, 총 16권

●개념 학습

개념클릭 해법수학	1~6학년, 학기용

●수준별 수학 전문서

해결의법칙(개념/유형/응용)	1~6학년, 학기용

●단원평가 대비

수학 단원평가	1~6학년, 학기용

●단기완성 학습

초등 수학전략	1~6학년, 학기용

●상위권 학습

최고수준 S 수학	1~6학년, 학기용
최고수준 수학	1~6학년, 학기용
최강 TOT 수학	1~6학년, 학년용

●경시대회 대비

해법 수학경시대회 기출문제	1~6학년, 학기용

예비 중등 교재

●**해법 반편성 배치고사 예상문제**	6학년
●**해법 신입생 시리즈(수학/영어)**	6학년

맞춤형 학교 시험대비 교재

●**열공 전과목 단원평가**	1~6학년, 학기용(1학기 2~6년)

한자 교재

●**해법 NEW 한자능력검정시험 자격증 한번에 따기**	6~3급, 총 8권
●**씽씽 한자 자격시험**	8~7급, 총 2권
●**한자전략**	1~6학년, 총 6단계

배움으로 행복한 내일을 꿈꾸는
천재교육 커뮤니티 안내

. . .

 교재 안내부터 구매까지 한 번에!
천재교육 홈페이지

자사가 발행하는 참고서, 교과서에 대한 소개는 물론
도서 구매도 할 수 있습니다. 회원에게 지급되는 별을 모아
다양한 상품 응모에도 도전해 보세요!

 다양한 교육 꿀팁에 깜짝 이벤트는 덤!
천재교육 인스타그램

천재교육의 새롭고 중요한 소식을 가장 먼저 접하고 싶다면?
천재교육 인스타그램 팔로우가 필수!
깜짝 이벤트도 수시로 진행되니 놓치지 마세요!

 수업이 편리해지는
천재교육 ACA 사이트

오직 선생님만을 위한, 천재교육 모든 교재에 대한 정보가 담긴
아카 사이트에서는 다양한 수업자료 및 부가 자료는 물론
시험 출제에 필요한 문제도 다운로드하실 수 있습니다.

https://aca.chunjae.co.kr

 천재교육을 사랑하는 샘들의 모임
천사샘

학원 강사, 공부방 선생님이시라면 누구나 가입할 수 있는 천사샘!
교재 개발 및 평가를 통해 교재 검토진으로 참여할 수 있는 기회는 물론
다양한 교사용 교재 증정 이벤트가 선생님을 기다립니다.

 아이와 함께 성장하는 학부모들의 모임공간
튠맘 학습연구소

튠맘 학습연구소는 초·중등 학부모를 대상으로 다양한 이벤트와 함께
교재 리뷰 및 학습 정보를 제공하는 네이버 카페입니다.
초등학생, 중학생 자녀를 둔 학부모님이라면 튠맘 학습연구소로 오세요!